Meta profesional A1 – A2

Español para fines profesionales
Libro de ejercicios

Josefa Jimeno Patrón
Pilar Pérez Cañizares

Ernst Klett Sprachen
Stuttgart

Meta profesional A1–A2

Español para fines profesionales
Libro de ejercicios + CD audio

Josefa Jimeno Patrón
Pilar Pérez Cañizares

1ª edición 1 5 4 3 2 1 | 2018 17 16 15 14

Todos los ejemplares de la presente edición pueden ser usados en clase sin diferencia entre ellos. Las últimas cifras se refieren a la edición y al año de su impresión.

www.klett.de

Redacción Mónica Cociña, Sabine Segoviano, Beate Strauß
Diseño gráfico y maquetación Marion Köster, Stuttgart
Producción editorial Alexandra Veigel-Schall
Diseño de cubierta Silke Wewoda
Ilustración Maren Profke, Esslingen
Reprografía Meyle+Müller, Medien-Management, Pforzheim
Imprenta Druckerei A. Plenk KG, Berchtesgaden
Printed in Germany

ISBN 978-3-12-515481-0

9 783125 154810

CD audio
Dirección Ernst Klett Sprachen GmbH, Stuttgart
Estudio de grabación Bauer Studios GmbH, Ludwigsburg
Producción Osswald GmbH & Co., Leinfelden-Echterdingen
Duración aprox. 75 minutos
Locutores Ángela Amézquita, Salvador Campoy, Àngels Capell, Carlos Fernández, Miguel Freire, Betsabé Gallego, Andrés González, Luis Hefrón, Julia Martín, Lucía Palacios, Florencia Pérez, Marcelo Rodríguez, Sabine Segoviano, Pilar Suárez, Irma Urabayen

Índice

¿Cómo funciona el libro de ejercicios de Meta profesional?

El **libro de ejercicios** de Meta profesional está pensado tanto para el trabajo en casa como para la clase y te ofrece numerosos ejercicios adicionales de vocabulario y gramática para practicar y consolidar lo que has aprendido en el libro del alumno.

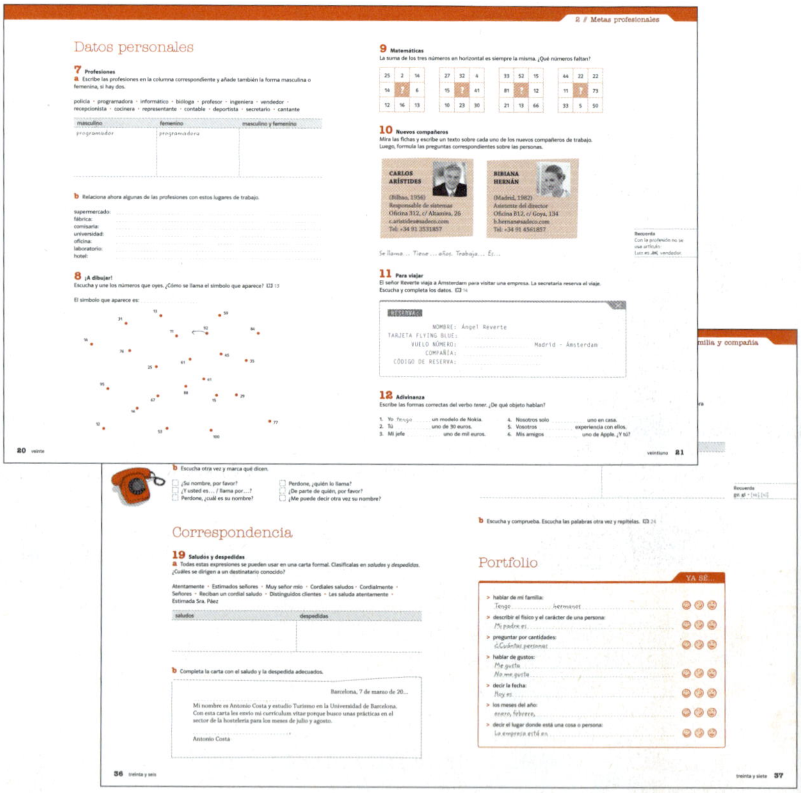

Las secciones **Al teléfono** y **Correspondencia** te ayudan a obtener las habilidades básicas para usar el teléfono y escribir cartas en español de forma segura.
En el apartado **Pronunciación** tienes la posibilidad de practicar los sonidos y la entonación del español y adquirir confianza en tu pronunciación.

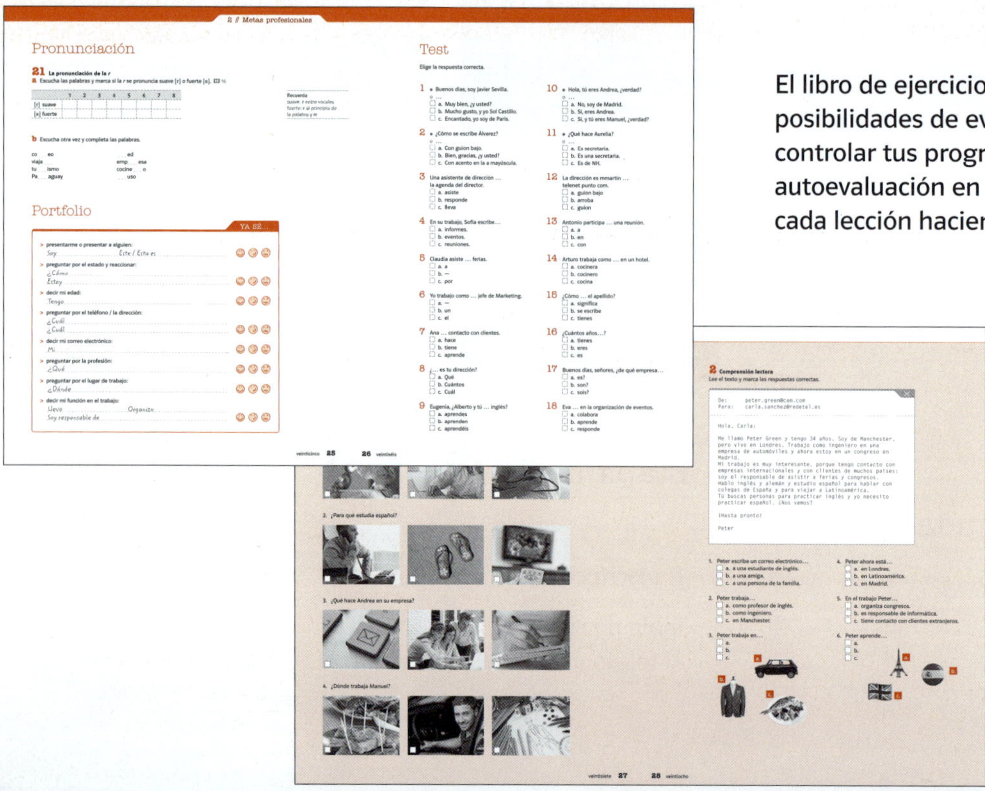

El libro de ejercicios te ofrece distintas posibilidades de evaluar tus conocimientos y controlar tus progresos, bien sea en forma de autoevaluación en la sección **Portfolio** o al final de cada lección haciendo el **Test** de elección múltiple.

Igual que en el libro del alumno, en las **Etapas** puedes repasar los contenidos de las dos lecciones anteriores en forma de exámenes elaborados según el modelo de los DELE (Diplomas de Español como Lengua Extranjera). En las Etapas 2 y 5 encuentras los modelos completos de los exámenes A1 y A2 respectivamente.

El primer día

1 Presentarse

a Mira las fotos y escribe con las frases de la derecha qué dicen las personas en cada situación. ¿Cuál es formal y cuál es informal?

1. ● Buenos ______
   ○ ______
2. ● ______
   ○ ______
3. ● Buenas ______

b Escucha y comprueba. ⏩ 1

Buenos días. Soy Antonia Fernández.

Buenas tardes. Me llamo Fernando Martín.

Soy David, ¿qué tal?

Hola, me llamo Carmen Luna Jiménez.

Hola, yo soy Luis. ¿Cómo te llamas?

2 Tarjetas de visita

Estas personas se presentan. Mira las tarjetas de visita y completa el diálogo.

- Buenos días, soy ______________________________
  ______________________________. ¿Y usted?
- ○ ______________________________
- Hasta luego.

3 ¿Cómo se pronuncia?

a Lee en voz alta los nombres siguientes. ¿Cómo se pronuncia la primera letra? Escribe cada nombre en la columna correspondiente.

Carlos • Victoria • Juan • Cintia • Jimena • Carmen • Guillermo • Cristina • Gloria • Julio • Gabriel • Jaime • César • Verónica • Celia • Bárbara • Valentín

Catalina [k]	**C**ecilia [θ]	**J**osefa [x]	**G**ustavo [g]	**B**ibiana [b]

Recuerda
Las letras **b** y **v** se pronuncian igual [b]: **B**arcelona, **V**alencia

b Escucha y comprueba. ¿Puedes añadir una palabra más en cada columna? ▶▶ 2

Recuerda
En la combinación **gue**, **gui** no se pronuncia la **u**.

c Escucha y completa los nombres siguientes con las letras que faltan. ▶▶ 3

Patri____ia	Lu____ía	Ri____ardo	Mi____el
A____ustín	Eu____enia	____acobo	Enri____e

Portfolio

Al final de cada unidad hay una lista de control de los temas de la lección. Esta lista te ayuda a ver tu progreso en español y a saber qué temas debes revisar. Te proponemos, además, llevar una carpeta con tus trabajos en español. En ella puedes guardar textos o materiales para documentar tus progresos.

Pag. 7 → Weg Beschreibung.
Pag. 15 → Ein Tag
16 →
18 → Ablehnen zusagen
20 →
Pag 22 → hörverstehen
58-63
Colegas.
25 → escribir.

→ pag. 31 → hören verstehen
→ pag 45 46. Steoria

…etas // 1

¿Qué significa?

1. Relacionar imágene…
2. Preguntar por el sig…
3. Completar el artículo y el plural de sustantivos
4. Completar series de números hasta 10
5. Corregir números de teléfono

¿De dónde eres?

6. Relacionar preguntas con respuestas
7. Completar diálogos: pronombres
8. Comprender de quién se habla
9. Completar las formas del verbo **ser**

…ación

¿Para qué usas español?

12. Decir qué idioma se habla
13. Combinar verbos con preposiciones
14. Completar un texto: **ser** y verbos en **-ar**
15. Clasificar formas verbales
16. Formar frases con verbos en **-ar**
17. Formular preguntas
18. Expresar finalidad: **para** + infinitivo

Al teléfono

19. Contestar al teléfono

Correspondencia

20. Una carta de presentación

Pronunciación

21. La acentuación
22. El acento gráfico

Portfolio

Test

¿Qué significa?

1 El mundo hispanohablante

a Mira las fotos y escribe debajo la palabra correspondiente.

gastronomía • turismo • industria • deporte • fiesta • música • tecnología • arte

b ¿Y qué es el mundo hispanohablante para ti?

Para mí, el mundo hispanohablante es…

1

2

3

4

5

6

7

8

2 ¿Qué significa?

Escribe qué significan estas palabras en tu idioma.

¿Qué significa…? | Significa…

1. empresa ______
2. sector ______
3. publicidad ______
4. exposición ______
5. deporte ______
6. industria ______

preguntas
En las preguntas hay un signo de interrogación delante y detrás: ¿Qué significa?

3 Sustantivos y artículos

Escribe los artículos y pon los sustantivos en singular o plural.

1. la imagen → las imágenes
2. ______ hotel → ______
3. ______ red → ______
4. ______ → ______ ciudades
5. ______ plan → ______
6. ______ → ______ campañas
7. ______ sector → ______
8. ______ exposición → ______
9. ______ millón → ______
10. ______ → ______ presentaciones

acentos
Las palabras que llevan acento en la última sílaba, lo pierden en plural:
comunicación – comunicaciones.
OJO
imagen – imágenes

4 Series de números

¿Qué número sigue? Escríbelo.

1. tres • seis • nueve
2. ocho • siete • ______
3. tres • dos • ______
4. cuatro • tres • ______
5. cuatro • seis • ______
6. ocho • seis • ______
7. nueve • siete • ______
8. tres • cinco • ______

5 El número de teléfono

Escucha y corrige los números que no son correctos. ▶▶ 4

1. ______
2. ______
3. ______

¿De dónde eres?

6 Preguntas y respuestas

Relaciona cada pregunta con la respuesta correspondiente.

1. ¿Eres de Argentina?
2. ¿De qué empresa eres?
3. ¿Cómo se llama usted?
4. ¿Y de apellido?
5. ¿De dónde es usted?

a. López.
b. Soy Miguel Álvarez Escalona.
c. No, de Uruguay, de Montevideo.
d. De Colcafé.
e. Soy de aquí, de Madrid.

7 En una feria

Completa con los pronombres que faltan.

1. ● ¿De dónde eres?
   ○ De Pamplona, ¿y *tú* ?
   ● De Valladolid.
2. ● Hola, ¿son ________ de la empresa Natura?
   ○ Sí, ¿y ________ ?
   ● Soy de Maseca.
3. ● Buenos días, ¿sois Arturo y Blanca, de Aceites La Española?
   ○ Sí. ¿Y ________ ?
   ● ________ somos Sole y Martín, de Supermercados Mercadona.
4. ● Buenos días, ¿es ________ Diego García?
   ○ No, ________ es Diego. ________ me llamo Agustín Alfaro.

8 ¿Quién?

Escucha las frases y marca el pronombre personal correspondiente. 5

1. ☐ ellos ☐ él
2. ☐ usted ☐ tú
3. ☐ usted ☐ tú
4. ☐ ustedes ☐ vosotros
5. ☐ yo ☐ él
6. ☐ nosotros ☐ ella

9 El verbo *ser*

Escribe las formas del verbo *ser* que faltan.

ser	
yo	
tú	*eres*
él / ella / usted	
nosotros / nosotras	
vosotros / vosotras	
ellos / ellas / ustedes	

10 El artículo indeterminado

a Completa esta tabla con las definiciones y los ejemplos que faltan.

1. Un apellido de tu país:	
2. Un nombre de España:	Carmen
3. Una comida de Austria:	
4.	Ámsterdam
5. Un producto de Suiza:	
6.	Rafael Nadal
7. Una empresa de Alemania:	
8. Una cantante de Latinoamérica:	

b Ahora escribe frases como en el modelo.

1. ¿Jaap es un nombre de Italia?
   Jaap no es un nombre de Italia, es (un nombre) de Holanda.
2. ¿Renault es una empresa de Bélgica?
3. ¿Salzburgo es una ciudad de Suiza?
4. ¿El queso parmesano es un producto de Holanda?
5. ¿El gazpacho es una comida de Francia?
6. ¿López es un apellido de Alemania?

la negación
No se coloca siempre delante del verbo:
Ana **no** es de Italia.

11 Una ficha

a Lee cómo se presenta este participante en la feria y completa su ficha.

Hola, buenos días. Me llamo Manuel Fernández Moreno y soy de Málaga. Soy de Fenosa.

FICHA FERIA MADRID

Nombre: Manuel
______:
______:
______:

b ¿Y cómo te presentas tú?

¿Para qué usas español?

12 Idiomas

a Lee los países en el idioma de origen. ¿Cómo se llaman los países en español?

España	______	Россия *(Rossíya)*	______
Great Britain	______	中人民共和 *(Pinyin)*	______
Deutschland	______	Nederland	______
Italia	______	France	______

b Los países están en el idioma de origen. ¿Qué idioma es en cada caso?

13 Verbos y complementos

Combina los elementos de las cuatro columnas y formula frases. Hay varias posibilidades.

			países extranjeros.
	hablar		congresos.
	participar	a	una empresa.
Amanda	viajar	con	clientes.
	contactar	en	teléfono.
	llamar	por	colegas.
	trabajar	—	dos idiomas.
			España.

Amanda habla por teléfono.

14 Busco estudiante de español

Completa el texto con los verbos en la forma correspondiente.

buscar • estudiar (2) • hablar (2) • ser (2) • practicar

BOLSA DE INTERCAMBIO

BUSCAR ANUNCIAR MI PERFIL

Hola, ¿qué tal? Yo ______ Constanza y ______ de Chile. ______ inglés, pero ahora también ______ alemán en una escuela de idiomas. ______ Turismo en la Universidad de Chile y ______ unas prácticas en Alemania para las vacaciones. Tú ______ español y yo alemán, ¿por qué no ______ (tú y yo) por Skype? Me llamo Connychile. ¡Hasta luego!

15 Pronombres y verbos

Clasifica las siguientes formas verbales.

sois • trabajas • hablamos • necesito • buscáis • practican • estudias • participamos • uso • contacta • chatean • viaja

yo	tú	él / ella / usted	nosotros/-as	vosotros/-as	ellos/-as / ustedes

16 Formar frases

Combina los elementos de las tres columnas y forma frases. A veces hay varias posibilidades.

Vosotros	contactar	a países extranjeros.
Catalina	hablar	unas prácticas en México.
Nosotros	buscar	en una empresa internacional.
Emma y Julián	estudiar	con clientes en Latinoamérica.
Tú	trabajar	inglés y holandés.
Yo	viajar	Turismo.

17 Preguntas sobre una persona

a Escribe las preguntas correspondientes.

1. ● ¿Quién es?
   ○ Es Carlota Vázquez.
2. ● ________________
   ○ Trabaja en una empresa de turismo.
3. ● ________________
   ○ Habla inglés y español.
4. ● ________________
   ○ Es de Madrid.
5. ● ________________
   ○ Estudia alemán para hablar con colegas.

preguntar
¿Quién…?
¿Dónde…?
¿Qué…?
¿De dónde…?
¿Para qué…?

b Contesta tú ahora a las preguntas.

18 ¿Para qué?

Combina los elementos de las dos columnas y completa con tus gustos. Hay varias posibilidades.

un idioma	para pasar ocho días:	
una empresa	para estudiar:	inglés, español
un país	para pasar la noche:	
una ciudad	para trabajar:	
un hotel	para hablar:	
una persona	para viajar:	

Al teléfono

19 Contestar al teléfono

a ¿Cómo contestan estas personas al teléfono? Escucha y completa la tabla. ▶▶ 6–7

Hola. • ¿Sí? • ¿Aló? • Dígame.

contestar al teléfono
Fuera del ámbito profesional, una contestación habitual es **diga / dígame**.
La persona que llama tiene que confirmar la identidad.

nombre	ciudad / país	contesta
1. Andrés Fernández	Santiago, Chile	
2. Juan Gómez	Madrid	
3. Eleonora Mota	Buenos Aires, Argentina	
4. Bárbara Castaño	Sevilla	

b ¿Y qué contestas tú?

c Escucha cómo contestan al teléfono en estas empresas y relaciona las dos columnas. ▶▶ 8

1. Zara, departamento de ventas,
2. Telemercados, buenas tardes.
3. ¿Sí?

a. ¿En qué puedo ayudarle?
b. Dígame.
c. buenos días.

d Escucha las frases otra vez y repítelas.

Correspondencia

20 Carta de presentación

Un amigo tiene que escribir una carta en español. Completa la carta con las siguientes expresiones.

Me llamo • Atentamente • Estimados señores • Manchester, 25-6-2014

____

______________________:

______________________ Patrick Miller, soy de Leeds y estudio Diseño en la Universidad de Manchester. También estudio español para buscar unas prácticas en Latinoamérica.

______________________,

P. Miller

Pronunciación

21 La acentuación

a Escucha las palabras y marca la sílaba acentuada. Después, escríbelas en la columna correspondiente. 9

a pe lli do	a le mán	em pre sa	te lé fo no	i dio ma
via jar	pá gi na	pu bli ci dad	co mi da	ciu dad
in glés	es pa ñol	va ca cio nes	tra ba jar	fe ria

turismo ●●●	internacional ●●●	prácticas ●●●
apellido	viajar	página

b Escucha estas palabras y marca la sílaba acentuada. Luego, escribe los acentos que faltan. 10

Mexico • Chile • Panama • España • Argentina • Peru • Cuba • Ecuador • Republica Dominicana • Colombia

la acentuación
El **acento gráfico** indica dónde se acentúa la palabra: Perú, día. Una palabra sin acento se acentúa en la penúltima sílaba si termina en **vocal**, **-n** o **-s**: producto, buscan. Se acentúa en la última sílaba si termina en **consonante**: estudiar, ciudad.

Portfolio

Escribe para cada aspecto un ejemplo y marca los símbolos según el nivel que crees tener en cada tema. Si no estás seguro/-a, puedes consultar la página de resumen de la lección.

YA SÉ...

> presentarme:
Soy

> preguntar por el significado:
¿Qué

> decir para qué estudio español:
Estudio español para

> preguntar por el origen y decir de dónde soy:
¿De dónde
Yo soy

> decir qué idiomas hablo y preguntar a otro:
Yo hablo
¿Qué

> los números hasta 10:
uno, dos,

Test

Elige la respuesta correcta.

1 Hola, buenos...
- ☐ a. días.
- ☐ b. tardes.
- ☐ c. noches.

2 Nadine estudia español...
- ☐ a. para trabajar en Chile.
- ☐ b. para trabajo en Chile.
- ☐ c. para contacto en Chile.

3 ● ¿Cómo se llama de apellido?
○ ...
- ☐ a. Se llama Cristina.
- ☐ b. Palacios.
- ☐ c. Soy Cristina.

4 ● ¿Andreas es de Alemania?
○ ...
- ☐ a. Sí, eres de Alemania.
- ☐ b. No, es de Alemania.
- ☐ c. No, es de Austria.

5 El señor Armada ... en una empresa del sector de turismo.
- ☐ a. trabaja
- ☐ b. busca
- ☐ c. necesita

6 ¿Qué ... "imagen"?
- ☐ a. llama
- ☐ b. habla
- ☐ c. significa

7 ¿De qué empresa ... ustedes?
- ☐ a. son
- ☐ b. sois
- ☐ c. es

8 Jaap es de...
- ☐ a. holandés.
- ☐ b. alemán.
- ☐ c. Holanda.

9 Michael busca ... en México.
- ☐ a. unas prácticas
- ☐ b. practicar
- ☐ c. un práctico

10 ¿Qué idiomas habla Angélica?
- ☐ a. Tres.
- ☐ b. Inglés y alemán.
- ☐ c. China y Francia.

11 Sevilla es ... de España.
- ☐ a. ciudad
- ☐ b. una ciudad
- ☐ c. la ciudad

12 Valeria participa ... congresos internacionales.
- ☐ a. con
- ☐ b. a
- ☐ c. en

13 En las vacaciones ... a países extranjeros.
- ☐ a. escucho
- ☐ b. viajo
- ☐ c. trabajo

14 Kai y yo ... español con colegas de España.
- ☐ a. hablan
- ☐ b. hablo
- ☐ c. hablamos

15 ¿Tú ... de Málaga?
- ☐ a. ser
- ☐ b. eres
- ☐ c. es

16 ¿... es usted?
- ☐ a. De dónde
- ☐ b. Dónde
- ☐ c. Para qué

17 ¿... significa "producto"?
- ☐ a. Cómo
- ☐ b. Para qué
- ☐ c. Qué

18 El café es una...
- ☐ a. tapa.
- ☐ b. bebida.
- ☐ c. comida.

Metas profesionales // 2

¿Qué tal?

1. Clasificar palabras: el mundo laboral
2. El verbo **ser**
3. Formular preguntas y respuestas
4. Completar diálogos con verbos
5. ¿**Tú** o **usted**? Interrogativos
6. Entender la palabra correcta

Datos personales

7. Clasificar palabras: profesiones
8. Escuchar y dibujar con números
9. Los números hasta 100
10. Escribir sobre una persona
11. Comprender detalles de un diálogo
12. Una adivinanza: el verbo **tener**

Perfil profesional

13. Verbos y sus combinaciones
14. Clasificar: verbos en **-ar**, **-er**, **-ir**
15. Completar un texto con verbos
16. Corregir frases: la negación
17. Formar frases: verbos con preposición
18. Completar frases: con o sin artículo

Al teléfono

19. Empezar una llamada

Correspondencia

20. Un perfil profesional

La pronunciación

21. La pronunciación de la **r**

Portfolio

Test

¿Qué tal?

1 Clasificar palabras

Escribe cada palabra en la columna correspondiente. ¿Puedes añadir una más?

recepcionista • hotel • programador • publicidad • representante • traductor • inglés • congreso • holandés • turismo • feria • industria • español • Marketing • chino • agencia de viajes

profesión	idioma	sector	lugar

2 ¿Qué es?

En esta serpiente se han escondido las formas del verbo *ser*. Escríbelas en el lugar correspondiente.

SOMOSSOYSONERESSOISES

yo	tú	él / ella / usted	nosotros/-as	vosotros/-as	ellos/-as / ustedes

3 Preguntas y respuestas

Completa las preguntas y la respuesta.

1. • ¿Tú ____________________?
   ○ Sí, yo soy de aquí, de Madrid.
2. • Y usted, ¿____________________?
   ○ Yo soy de Ámsterdam.
3. • Lucas y Pilar, ¿____________________?
   ○ Somos de Perú.
4. • Pero ______________________________, ¿verdad?
   ○ Sí, estudiamos en Madrid.
5. • ¿Trabajáis en un hotel?
   ○ Yo sí, pero Lucas ____________________ en un bar.
6. • ¿Y ______________________________?
   ○ Hablamos inglés y español.

4 En la feria

Completa los diálogos con estas expresiones. A veces hay más de una posibilidad.

Mucho gusto • encantada • Buenos días • este es • Cómo está • Muy bien • Encantado • qué tal

1. ● ¿____________, señor Segura?
   ○ ____________, ¿y ustedes?
2. ● Hola, ¿____________? Me llamo Rodrigo.
   ○ ____________. Yo soy Arturo.
3. ● Señora Páez, ____________ Gabriel Vargas, de México.
   ○ Ah, ____________, señor Vargas.
4. ● ____________, señor Álvarez. Soy Cristina Martín.
   ○ ____________.

demostrativos

este	esta
estos	estas

5 *¿Tú o usted?*

a Lee las frases siguientes y marca si estas personas hablan de *tú* o de *usted*. Marca la palabra o las palabras que te dan la información.

	tú	usted
1. Hola, Antonia, ¿cómo estás?	☐	☐
2. ¿De qué empresa son, señores?	☐	☐
3. ¿Para qué estudiáis español?	☐	☐
4. Buenos días. ¿Cómo se llama de apellido?	☐	☐
5. Me llamo Soledad. Y tú, ¿cómo te llamas?	☐	☐
6. Buenas tardes, señora Marcos.	☐	☐
7. ¿De dónde eres, Sergio?	☐	☐
8. ¿Es usted el señor Alonso?	☐	☐

b Escribe las preguntas que corresponden a estas respuestas.

tú	usted	respuesta
¿Cómo te llamas?	¿Cómo se llama usted?	1. Andrea Lopresti.
		2. De Roma.
		3. De Bosch-Siemens.
		4. Inglés y alemán.
		5. Para hablar con mis colegas españoles.

preguntar
¿Cómo…?
¿De dónde…?
¿De qué empresa…?
¿Qué idiomas…?
¿Para qué…?

6 ¿Cómo se escribe?

Escucha los diálogos y marca la palabra correcta. 11–12

1. ☐ Cañizares ☐ Cañisares
2. ☐ Avarca ☐ Abarca
3. ☐ Corea ☐ Correa
4. ☐ Félix ☐ Felix

Datos personales

7 Profesiones

a Escribe las profesiones en la columna correspondiente y añade también la forma masculina o femenina, si hay dos.

policía • programadora • informático • bióloga • profesor • ingeniera • vendedor • recepcionista • cocinera • representante • contable • deportista • secretario • cantante

masculino	femenino	masculino y femenino
programador	programadora	

b Relaciona ahora algunas de las profesiones con estos lugares de trabajo.

supermercado: ____________________
fábrica: ____________________
comisaría: ____________________
universidad: ____________________
oficina: ____________________
laboratorio: ____________________
hotel: ____________________

8 ¡A dibujar!

Escucha y une los números que oyes. ¿Cómo se llama el símbolo que aparece? ⏩ 13

El símbolo que aparece es: ____________________

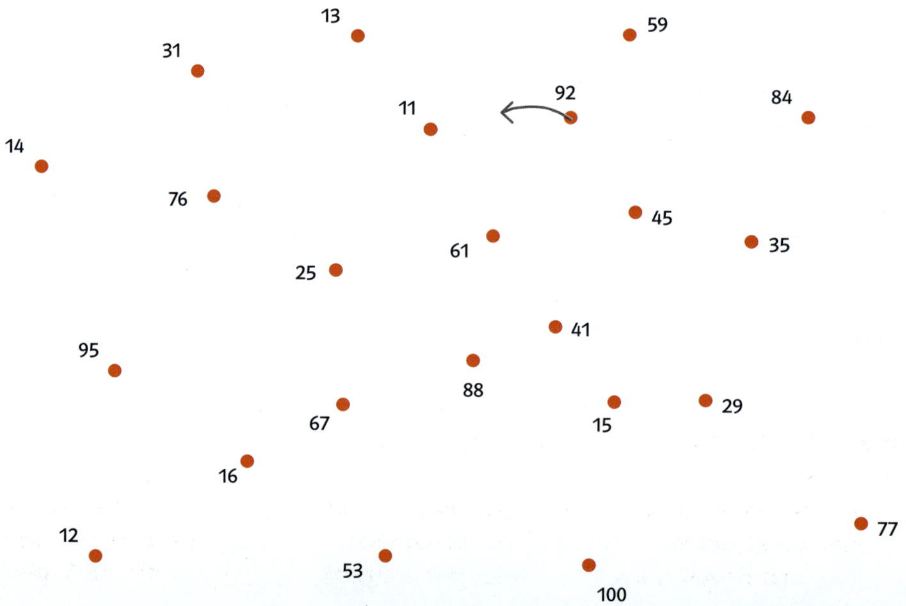

9 Matemáticas

La suma de los tres números en horizontal es siempre la misma. ¿Qué números faltan?

25	2	14
14	?	6
12	16	13

27	32	4
15	?	41
10	23	30

33	52	15
81	?	12
21	13	66

44	22	22
11	?	73
33	5	50

10 Nuevos compañeros

Mira las fichas y escribe un texto sobre cada uno de los nuevos compañeros de trabajo. Luego, formula las preguntas correspondientes sobre las personas.

CARLOS ARÍSTIDES

(Bilbao, 1956)
Responsable de sistemas
Oficina 312, c/ Altamira, 26
c.aristides@sadeco.com
Tel: +34 91 3531857

BIBIANA HERNÁN

(Madrid, 1982)
Asistente del director
Oficina B12, c/ Goya, 134
b.hernan@sadeco.com
Tel: +34 91 4561857

Se llama... Tiene ... años. Trabaja... Es...

Recuerda
Con la profesión no se usa artículo:
Luis es ~~un~~ vendedor.

11 Para viajar

El señor Reverte viaja a Ámsterdam para visitar una empresa. La secretaria reserva el viaje. Escucha y completa los datos. ▶▶ 14

RESERVA:

NOMBRE: Ángel Reverte
TARJETA FLYING BLUE: ______________
VUELO NÚMERO: ______________ Madrid – Ámsterdam
COMPAÑÍA: ______________
CÓDIGO DE RESERVA: ______________

12 Adivinanza

Escribe las formas correctas del verbo *tener*. ¿De qué objeto hablan?

1. Yo *tengo* un modelo de Nokia.
2. Tú ______________ uno de 30 euros.
3. Mi jefe ______________ uno de mil euros.
4. Nosotros solo ______________ uno en casa.
5. Vosotros ______________ experiencia con ellos.
6. Mis amigos ______________ uno de Apple. ¿Y tú?

Perfil profesional

13 Combinaciones

a Combina cada grupo de palabras con un verbo. Añade una posibilidad más.

1. ______
veintisiete años
experiencia
contacto con empresas
______

2. ______
inglés y alemán
por teléfono
con clientes
______

3. ______
de Colombia
estudiante en prácticas
programadora
______

4. ______
informes
correos
artículos
______

b Escribe cuatro frases sobre ti con los verbos de arriba.

14 Verbos en *-ar*, *-er*, *-ir*

Escribe los verbos en el lugar correspondiente y marca con un color las terminaciones de cada grupo.

organizo • habláis • necesita • asistimos • aprendo • escribes • participas • lees • asiste • buscamos • escriben • venden • responde • estudian • vivo • leemos • vivís • respondéis

	-ar	-er	-ir
yo			
tú			
él / ella / usted			
nosotros / nosotras			
vosotros / vosotras			
ellos / ellas / ustedes			

OJO
Las terminaciones de los verbos en **-er** y en **-ir** solo son diferentes en las formas de *nosotros/-as* y *vosotros/-as*.

15 En la Feria de Empleo

Marta se presenta en la feria. Completa las frases con los verbos entre paréntesis.

“ Buenos días, me llamo ______ Marta Pedraza. ______ (ser) de Argentina, de Buenos Aires, pero ______ (vivir) y ______ (trabajar) en Madrid, en la cadena de hoteles NH. ______ (tener) 45 años y ______ (ser) la responsable del departamento de Marketing. Esta ______ (ser) Ana Roche. Ana ______ (estudiar) en la Universidad Complutense y ______ (hacer) unas prácticas con nosotros. Hoy nosotras dos ______ (representar) a NH en la feria. ”

1

2

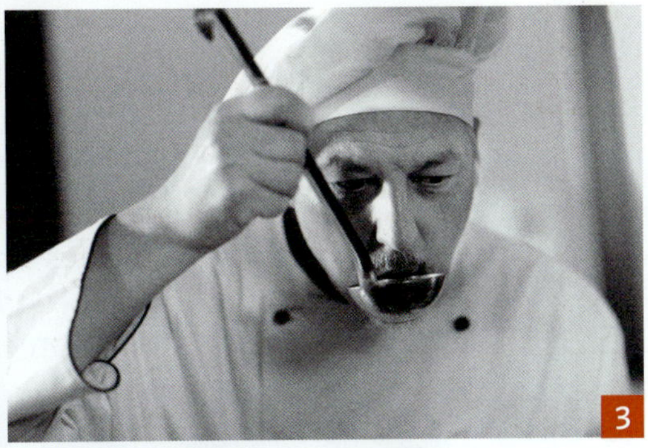
3

4

16 Muchos errores

Mira las fotos y corrige las frases siguientes.

1. Emilio estudia Turismo. Emilio no estudia Turismo, ____________
2. María tiene 30 años. ____________
3. Andrés es camarero en un bar. ____________
4. Antonio trabaja en una empresa de automóviles. ____________

Recuerda
No se coloca siempre delante del verbo:
Yo **no** estudio en Vigo.

17 El trabajo de Natalia

Combina los elementos de las cuatro columnas como en el ejemplo. Hay varias posibilidades.

Natalia	organizar participar ser responsable responder asistir llevar tener vender	a de en —	la agenda del director. congresos. correos de clientes. la organización de seminarios. contacto con clientes. servicios a empresas. reuniones.

Natalia vende servicios a empresas.

Recuerda
de + el = del

18 ¿Con o sin artículo?

Completa el diálogo con los artículos *el*, *la*, *un*, *una*, si es necesario.

- ______ Señora Antúnez, ¿cómo está usted? Este es ______ Antonio Corvina. ______ señor Corvina es ______ director comercial de Codelsa, ______ empresa de ______ sector de ______ alimentación.
- Encantada, ______ señor Corvina.
- Mucho gusto. Mire, ______ señora Antúnez, necesitamos ______ asistente de dirección para ______ departamento de Marketing. Ahora tenemos ______ estudiante en prácticas, Álvaro, pero no habla ______ idiomas…
- Muy bien, ______ señor Corvina. Aquí tenemos personas con experiencia para ______ puesto.

OJO
Se usa **señor/a** con artículo cuando hablamos de una persona o cuando queremos confirmar su identidad.

Al teléfono

19 Empezar una llamada

a Ordena los fragmentos de estas frases.

Hola, buenas • Analisa Fernández • tardes, soy • el señor Barea? • de la Clínica Alemana. ¿Está

- ¿Dígame?
- ○ ____________________
- Soy yo.

b Ahora escribe diálogos como el de arriba con estos datos.

¿Cuándo?	¿Quién?	¿De qué empresa?	¿Con quién?
8:30	Ana Torres	Freddo Freddo	señor Antúnez
12:30	Manuel Sirvent	Seat	señora Muñoz
21:30	Hugo Esteve	Mango	señor Álvarez
17:00	Eva Gómez	Hoteles ABBA	señora Peña

c Ahora escucha las frases siguientes y repítelas. ▶▶ 15

1. ¿Está el señor Cisneros?
2. Quería hablar con la señora Estrada.
3. ¿Puede ponerme con el señor Gómez?
4. ¿La señora Marisol Abad, por favor?

Correspondencia

20 Un perfil profesional

Completa este perfil profesional con las siguientes palabras.

nombre • edad • apellidos • datos personales • dirección • teléfono • funciones del puesto • correo electrónico • profesión • estudios • empresa

____________	____________	Armando
	____________	García Béjar
	____________	28 años
	____________	c/ Altamirano, 65, 28007 Madrid
	____________	657 45 67 21
	____________	armando.gbejar@teleredes.es
____________	____________	programador
	____________	Informática
	____________	Teleredes S.L.

Pronunciación

21 La pronunciación de la *r*

a Escucha las palabras y marca si la *r* se pronuncia suave [r] o fuerte [R]. 16

	1	2	3	4	5	6	7	8
[r] suave								
[R] fuerte								

Recuerda
suave: **r** entre vocales
fuerte: **r** al principio de la palabra y **rr**

b Escucha otra vez y completa las palabras.

co___eo
viaja___
tu___ismo
Pa___aguay

___ed
emp___esa
cocine___o
___uso

Portfolio

YA SÉ...

> presentarme o presentar a alguien:
Soy ___ Este / Esta es ___

> preguntar por el estado y reaccionar:
¿Cómo ___
Estoy ___

> decir mi edad:
Tengo ___

> preguntar por el teléfono / la dirección:
¿Cuál ___
¿Cuál ___

> decir mi correo electrónico:
Mi ___

> preguntar por la profesión:
¿Qué ___

> preguntar por el lugar de trabajo:
¿Dónde ___

> decir mi función en el trabajo:
Llevo ___ Organizo ___
Soy responsable de ___

Test

Elige la respuesta correcta.

1 • Buenos días, soy Javier Sevilla.
○ ...
- ☐ a. Muy bien, ¿y usted?
- ☐ b. Mucho gusto, y yo Sol Castillo.
- ☐ c. Encantado, yo soy de París.

2 • ¿Cómo se escribe Álvarez?
○ ...
- ☐ a. Con guion bajo.
- ☐ b. Bien, gracias, ¿y usted?
- ☐ c. Con acento en la a mayúscula.

3 Una asistente de dirección ... la agenda del director.
- ☐ a. asiste
- ☐ b. responde
- ☐ c. lleva

4 En su trabajo, Sofía escribe...
- ☐ a. informes.
- ☐ b. eventos.
- ☐ c. reuniones.

5 Claudia asiste ... ferias.
- ☐ a. a
- ☐ b. —
- ☐ c. por

6 Yo trabajo como ... jefe de Marketing.
- ☐ a. —
- ☐ b. un
- ☐ c. el

7 Ana ... contacto con clientes.
- ☐ a. hace
- ☐ b. tiene
- ☐ c. aprende

8 ¿... es tu dirección?
- ☐ a. Qué
- ☐ b. Cuántos
- ☐ c. Cuál

9 Eugenia, ¿Alberto y tú ... inglés?
- ☐ a. aprendes
- ☐ b. aprenden
- ☐ c. aprendéis

10 • Hola, tú eres Andrea, ¿verdad?
○ ...
- ☐ a. No, soy de Madrid.
- ☐ b. Sí, eres Andrea.
- ☐ c. Sí, y tú eres Manuel, ¿verdad?

11 • ¿Qué hace Aurelia?
○ ...
- ☐ a. Es secretaria.
- ☐ b. Es una secretaria.
- ☐ c. Es de NH.

12 La dirección es mmartin ... telenet punto com.
- ☐ a. guion bajo
- ☐ b. arroba
- ☐ c. guion

13 Antonio participa ... una reunión.
- ☐ a. a
- ☐ b. en
- ☐ c. con

14 Arturo trabaja como ... en un hotel.
- ☐ a. cocinera
- ☐ b. cocinero
- ☐ c. cocina

15 ¿Cómo ... el apellido?
- ☐ a. significa
- ☐ b. se escribe
- ☐ c. tienes

16 ¿Cuántos años...?
- ☐ a. tienes
- ☐ b. eres
- ☐ c. es

17 Buenos días, señores, ¿de qué empresa...
- ☐ a. es?
- ☐ b. son?
- ☐ c. sois?

18 Eva ... en la organización de eventos.
- ☐ a. colabora
- ☐ b. aprende
- ☐ c. responde

En cada Etapa puedes repasar los contenidos de las lecciones anteriores. En ellas hay modelos de los exámenes **DELE** (**D**iplomas de **E**spañol como **L**engua **E**xtranjera). En la Etapa 1 y la Etapa 2, las tareas corresponden al examen DELE A1.

1 Comprensión auditiva

Escucha los diálogos y marca la imagen que está relacionada con cada uno. ▶▶ 17

1. ¿Qué hace Pedro?

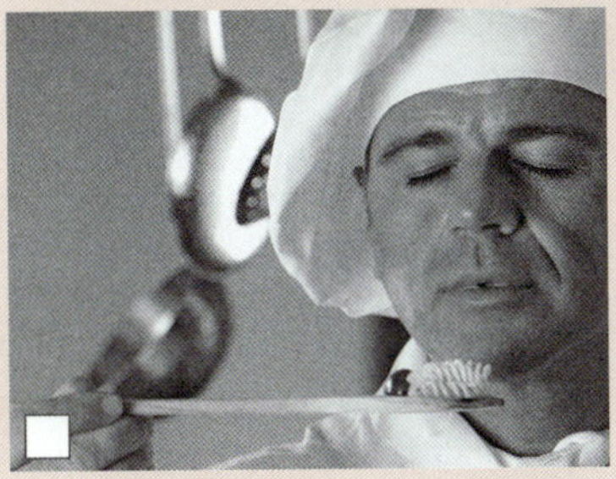

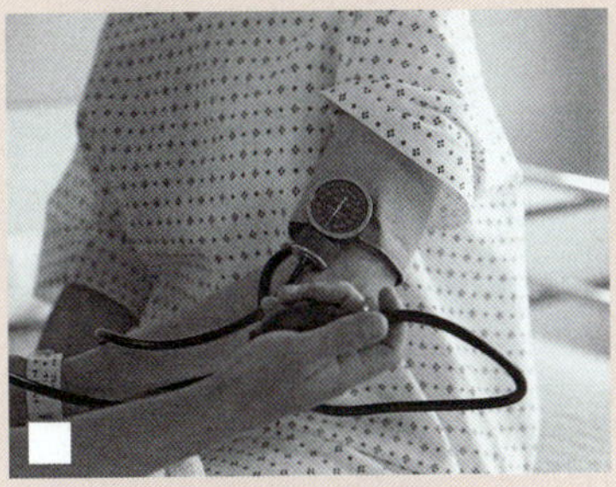

2. ¿Para qué estudia español?

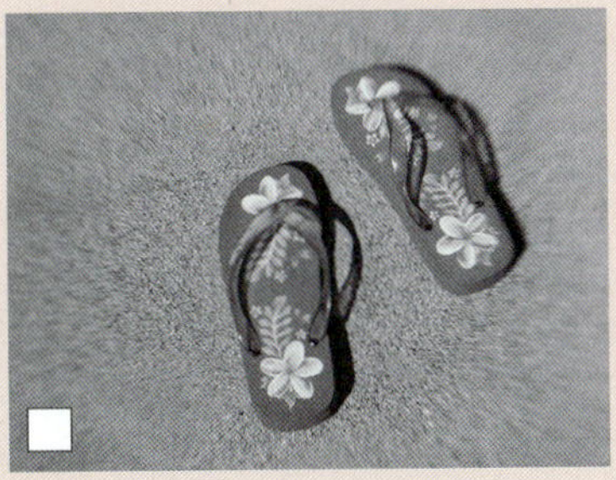

3. ¿Qué hace Andrea en su empresa?

4. ¿Dónde trabaja Manuel?

2 Comprensión lectora

Lee el texto y marca las respuestas correctas.

De: peter.green@cam.com
Para: carla.sanchez@redetel.es

Hola, Carla:

Me llamo Peter Green y tengo 34 años. Soy de Manchester, pero vivo en Londres. Trabajo como ingeniero en una empresa de automóviles y ahora estoy en un congreso en Madrid.
Mi trabajo es muy interesante, porque tengo contacto con empresas internacionales y con clientes de muchos países: soy el responsable de asistir a ferias y congresos.
Hablo inglés y alemán y estudio español para hablar con colegas de España y para viajar a Latinoamérica.
Tú buscas personas para practicar inglés y yo necesito practicar español. ¿Nos vemos?

¡Hasta pronto!

Peter

1. Peter escribe un correo electrónico…
   - ☐ a. a una estudiante de inglés.
   - ☐ b. a una amiga.
   - ☐ c. a una persona de la familia.

2. Peter trabaja…
   - ☐ a. como profesor de inglés.
   - ☐ b. como ingeniero.
   - ☐ c. en Manchester.

3. Peter trabaja en…
   - ☐ a.
   - ☐ b.
   - ☐ c.

a.

b.

c.

4. Peter ahora está…
   - ☐ a. en Londres.
   - ☐ b. en Latinoamérica.
   - ☐ c. en Madrid.

5. En el trabajo Peter…
   - ☐ a. organiza congresos.
   - ☐ b. es responsable de informática.
   - ☐ c. tiene contacto con clientes extranjeros.

6. Peter aprende…
   - ☐ a.
   - ☐ b.
   - ☐ c.

a.

b.

c.

Familia y compañía // 3

Y la familia, ¿qué tal?

1. Relacionar nombres con apellidos
2. Elegir la forma correcta: los posesivos
3. Escribir números en letras
4. Clasificar y completar: **ser**, **estar**, **tener**
5. Completar frases: **ser** o **estar**
6. Formar frases: **ser**, **estar**, **tener**

De tal palo, tal astilla

7. El uso de los adjetivos
8. Relacionar definiciones con adjetivos
9. Describir a una persona
10. Relacionar fotos con descripciones
11. Describir a varias personas

Compañeros de trabajo

12. Completar frases: **(no) me gusta/n**
13. Expresar gustos
14. Elaborar una ficha personal
15. Sopa de letras: los meses
16. Escribir fechas
17. Repasar vocabulario

Al teléfono

18. Comprobar quién llama

Correspondencia

19. Saludos y despedidas

Pronunciación

20. La pronunciación de la **g** / **j**

Portfolio

Test

Y la familia, ¿qué tal?

1 La familia de Carmencita

a Jesús Navarro Alberola habla de su familia. Escucha y completa el árbol genealógico con estos nombres. ▶▶ 18

Magdalena • Carmen • Conchita • Jesús • Francisco • Nieves • Jesús

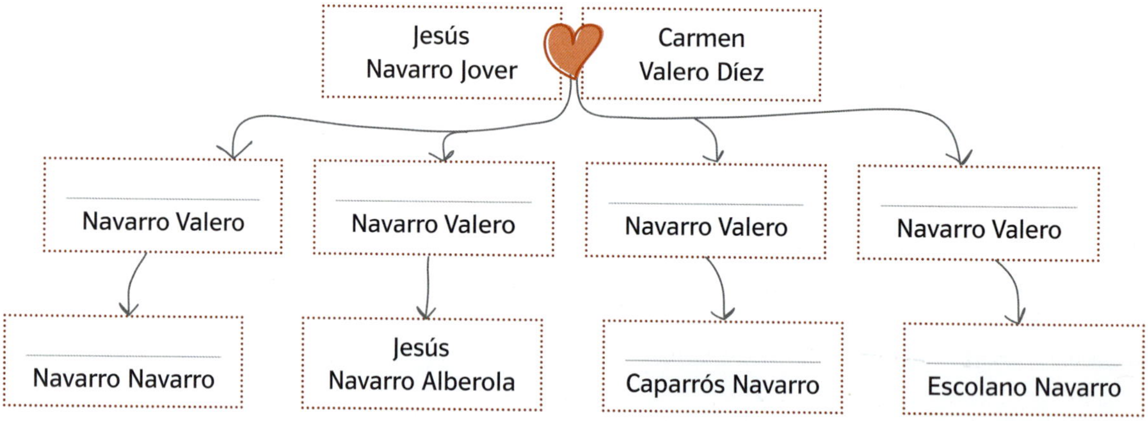

b Mira el árbol y di si estas frases son verdaderas o falsas. Si no son correctas, corrígelas.

los apellidos
En España y otros países hispanohablantes se usan dos apellidos: el del padre y el de la madre.

	verdadero	falso
1. Carmen Valero Díez es la tía de Nieves.	☐	☒
2. Conchita y Magdalena son hermanas.	☐	☐
3. Carmen Navarro es prima de Francisco Escolano.	☐	☐
4. Jesús Navarro Navarro es hijo de Carmen Navarro.	☐	☐
5. Magdalena Navarro es la tía de Nieves.	☐	☐
6. Jesús Navarro Alberola es nieto de Jesús Navarro Jover.	☐	☐

Carmen no es la tía de Nieves, es su abuela.

c ¿Puedes hacer tu árbol genealógico de tres generaciones?

2 Los posesivos

Elige la forma correcta del posesivo.

1. ¿Cuántos empleados tiene tu / su / sus empresa, Sr. Álvarez?
2. Señores López, ¿cuál es su / sus / vuestra dirección?
3. • Antonio, tú trabajas en Endesa, ¿no? ¿Cuál es mi / tu / nuestro correo electrónico?
   ◦ Esta es mi / tu / su tarjeta y aquí tienes mi / tu / su correo electrónico.
4. • Señores Rodríguez, ¿cómo se llama su / tu / vuestra hija?
   ◦ Su / Tu / Nuestra hija se llama Andrea.
5. ¿Tienes una foto de tus / su / vuestro abuelos?

3 Una empresa de éxito

a Escribe los números en letras.

Nombre de la empresa: Tous
Año de fundación: 1920 ______________________
Número de empleados: 2045 ______________________
Número de tiendas en el mundo: 402 ______________________
Número de tiendas en España: 175 ______________________
Cifra de ventas: 325.000.000 € ______________________

OJO
cuatrocient**os** millones
cuatrocient**as** tiendas

b Ahora escribe tres preguntas sobre los datos de arriba.

¿Cuántos años tiene la empresa?

4 Ensalada de verbos

Escribe las formas en el lugar correspondiente y completa la tabla.

tenemos • eres • estáis • tienen • estoy • es • sois • tenéis • estamos

	ser	estar	tener
yo			
tú			
él /ella / usted			
nosotros/-as			
vosotros/-as			
ellos /ellas / ustedes			

5 El símbolo de Madrid

Escribe la forma correcta de *ser* o *estar*.

__________ un monumento.
__________ en Madrid.
__________ en la Puerta del Sol.
No __________ en el centro de esta plaza.
__________ a pocos metros del centro.

OJO
estar **en** Madrid = lugar
estar **a** 5 km = distancia

6 *¿Ser, estar* o *tener?*

Combina los elementos de las tres columnas y forma frases. Hay varias posibilidades.

La empresa	es	a 535 km de Madrid.
El Sr. Maturana	son	47 años.
Los productos	está	de México.
Málaga	están	mi tía.
Adelina	tiene	en Barcelona.
Andrés y Constanza	tienen	en 20 países.
		una ciudad española.
		responsable de sistemas.
		dos nietos.

De tal palo, tal astilla

7 ¿Cómo son?

Combina los elementos de las tres columnas y cambia la forma del adjetivo si es necesario.

un	cantante	internacional
una	mujer	simpático
muchos	empresa	alegre
muchas	compañeros	interesante
	jefe	activo
	palabras	moreno
	vendedor	encantador
	hijo	optimista
		joven
		diferente
		especial

una mujer activa...

OJO
joven – jóvenes

8 Definiciones

Relaciona cada definición con el adjetivo correspondiente.

Una persona que habla mucho es comunicativa.

9 Una nueva compañera de trabajo

Dos personas hablan sobre una nueva compañera de trabajo. Escucha y apunta los adjetivos que usan. ▶▶ 19

Laura es ______________________,
______________________,
______________________,
______________________,
______________________.

10 ¿Cómo son?

a Escucha los diálogos y relaciónalos con las fotos. ▶▶ 20 – 21

b Escucha otra vez y apunta quién es la persona, qué es y tres adjetivos que la describen.

	¿Quién es?	¿Qué es?	¿Cómo es?
1.	Luis	el nuevo jefe	
2.			
3.			
4.			

11 Amanda habla de sus compañeros de trabajo

Completa el texto con las terminaciones de los adjetivos si es necesario.

“Mis compañeros de trabajo son muy simpátic____. El jefe, Antonio, tiene 53 años y es muy inteligent____ y amabl____. Luego está Ana, es ya mayor____, creo que tiene 63 años, pero es muy flexibl____ y muy, muy trabajador____. Marco, el informático, está ahí en su oficina... Sí, es ese moren____ y gordit____. Es un poco tímid____. Y yo, por supuesto, que soy alt____, rubi____, delgad____ y muy guap____. ¿No crees?”

Compañeros de trabajo

12 ¿De qué hablan?

Completa las frases con la opción correcta.

1. Me gustan bastante...
   - ☐ a. las fiestas familiares.
   - ☐ b. el cumpleaños.
2. No me gusta mucho...
   - ☐ a. escribir informes.
   - ☐ b. los restaurantes chinos.
3. No, no me gustan nada...
   - ☐ a. la comida italiana.
   - ☐ b. los compañeros pesimistas.
4. Sí, me gusta...
   - ☐ a. el nuevo jefe.
   - ☐ b. las reuniones después del trabajo.

13 ¿Te gustan?

a Escribe frases según el modelo.

los compañeros alegres: *Me gustan mucho los compañeros alegres.*
el fútbol: ....
las personas antipáticas: ....
viajar solo/-a: ....
asistir a reuniones: ....
las ferias: ....
las personas tímidas: ....
el trabajo en equipo: ....
hablar por teléfono: ....

me gusta/n
mucho ☺☺
bastante ☺
no ... mucho 😐
no ... nada ☹

b ¿Y qué más te gusta?

14 Para tener amigos

Quieres entrar en contacto con esta persona. Escribe un texto para explicarle cómo eres tú.

NUEVOS AMIGOS

Nombre: Evaristo Sánchez Haro
Fecha de nacimiento: 18 de mayo de 1974
Profesión: profesor de inglés en empresas
Domicilio: Madrid, zona centro
Gustos: (+) el fútbol, Messi, la comida italiana, mis hijas Laura y Paula
(-) el Real Madrid, la ópera

Me llamo... Tengo...

15 Sopa de meses

a Busca en la sopa de letras los nombres de nueve meses.

C	A	R	V	O	I	N	U	J	B	X	H	N	V	C
Y	O	Y	P	Y	S	N	P	M	T	G	I	B	T	E
B	G	M	F	A	A	N	O	V	I	E	M	B	R	E
K	C	X	J	M	O	R	G	O	C	G	U	Z	R	R
C	J	N	B	V	E	E	N	E	R	O	R	N	U	B
W	R	A	W	R	G	I	Y	J	A	P	R	E	L	U
U	L	T	B	K	O	L	Q	H	O	I	L	U	J	T
U	P	E	W	G	Z	R	D	K	O	V	K	K	N	C
L	F	C	I	O	R	B	G	E	Z	T	P	E	P	O
B	A	Y	V	L	A	E	B	R	U	A	O	P	C	Z
X	P	Q	T	V	M	N	A	R	C	O	L	Z	Q	Z
B	K	I	S	D	D	I	C	I	E	M	B	R	E	U

b Escribe ahora los nombres de los tres meses que faltan.

1. ______ 2. ______ 3. ______

16 Los cumpleaños de los compañeros

Cristina prepara una lista con las fechas de cumpleaños de sus compañeros de trabajo. Escribe frases como en el modelo.

El cumpleaños de Mariana es el 23 de abril.
Cumple ... años.

Mariana, 23-4-1973
Daniela, jefa de personal, 27-6-1968
Antonio, 15-8-1956
Ana, secretaria de dirección, 5-9-1984
Alfredo, informático, 6-10-1977
Jorge, programador, 18-11-1985

17 Series de palabras

¿Qué palabra no corresponde en cada serie? ¿Puedes añadir una más?

1. tres • primo • ocho • cuatro • siete • ______
2. padre • abuelo • tío • hija • compañera • ______
3. rubio • alto • gordito • delgado • representante • ______
4. febrero • ingeniero • enero • septiembre • mayo • ______
5. trabajador • fundador • optimista • flexible • comunicativo • ______
6. directora • secretaria • programador • novio • responsable de Marketing • ______

Al teléfono

18 Comprobar quién llama

a Escucha los diálogos y apunta los motivos de las llamadas con la ayuda de las palabras siguientes. 22–23

problema • reunión • datos

1. ______ 2. ______ 3. ______

b Escucha otra vez y marca qué dicen.

- ☐ ¿Su nombre, por favor?
- ☐ ¿Y usted es… / llama por…?
- ☐ Perdone, ¿cuál es su nombre?
- ☐ Perdone, ¿quién lo llama?
- ☐ ¿De parte de quién, por favor?
- ☐ ¿Me puede decir otra vez su nombre?

Correspondencia

19 Saludos y despedidas

a Todas estas expresiones se pueden usar en una carta formal. Clasifícalas en *saludos* y *despedidas*. ¿Cuáles se dirigen a un destinatario conocido?

Atentamente • Estimados señores • Muy señor mío • Cordiales saludos • Cordialmente • Señores • Reciban un cordial saludo • Distinguidos clientes • Les saluda atentamente • Estimada Sra. Páez

saludos	despedidas

b Completa la carta con el saludo y la despedida adecuados.

Barcelona, 7 de marzo de 20…

______

Mi nombre es Antonio Costa y estudio Turismo en la Universidad de Barcelona. Con esta carta les envío mi currículum vítae porque busco unas prácticas en el sector de la hostelería para los meses de julio y agosto.

______,

Antonio Costa

Pronunciación

20 La pronunciación de la *g* y la *j*

a Lee las palabras en voz alta y fíjate en la pronunciación de la *g* y la *j*. Escribe cada palabra en la columna correspondiente. ¿Puedes añadir una más en cada columna?

junio • julio • agosto • trabajar • delgado • viajar • imagen • me gusta • agenda • amigos • catálogo • jefe • gordito • guion • guitarra

[x] como **jamón**	[g] como **guapo**

Recuerda
ge, **gi** = [xe], [xi]

b Escucha y comprueba. Escucha las palabras otra vez y repítelas. 24

Portfolio

YA SÉ…

> hablar de mi familia:
Tengo hermanos

> describir el físico y el carácter de una persona:
Mi padre es

> preguntar por cantidades:
¿Cuántas personas

> hablar de gustos:
Me gusta
No me gusta

> decir la fecha:
Hoy es

> los meses del año:
enero, febrero,

> decir el lugar donde está una cosa o persona:
La empresa está en

Test

Elige la respuesta correcta.

1 El padre de mi padre es...
- ☐ a. mi nieto.
- ☐ b. mi abuelo.
- ☐ c. mi tío.

2 Carmencita es una empresa...
- ☐ a. familia.
- ☐ b. familiar.
- ☐ c. en familia.

3 ● No me gusta nada trabajar.
○ ¡Eres un...!
- ☐ a. feo
- ☐ b. delgado
- ☐ c. vago

4 La fecha de nacimiento es el tres de enero de ... (1972)
- ☐ a. mil novecientos sesenta y dos.
- ☐ b. mil novecientos veintisiete.
- ☐ c. mil novecientos setenta y dos.

5 ¿... años tiene tu abuelo?
- ☐ a. Cuántas
- ☐ b. Cómo
- ☐ c. Cuántos

6 El jefe ... hoy en la oficina.
- ☐ a. está
- ☐ b. tiene
- ☐ c. es

7 Mis compañeras son muy...
- ☐ a. alegre.
- ☐ b. alegres.
- ☐ c. triste.

8 ... escribir informes.
- ☐ a. Gusta
- ☐ b. Me gusta
- ☐ c. Me gustan

9 La empresa está ... Madrid.
- ☐ a. a
- ☐ b. en
- ☐ c. de

10 Mi tío Luis es ... de mi padre.
- ☐ a. hermano
- ☐ b. sobrino
- ☐ c. padre

11 Sra. Rosales, ¿ ... el café?
- ☐ a. gusta
- ☐ b. le gusta
- ☐ c. te gusta

12 La tía Ana, con 77 años, cree que es todavía...
- ☐ a. guapo.
- ☐ b. joven.
- ☐ c. natural.

13 Mi hermana Cristina es un ... tímida.
- ☐ a. muy
- ☐ b. bastante
- ☐ c. poco

14 ¿Te ... trabajar en equipo?
- ☐ a. gustas
- ☐ b. gusta
- ☐ c. gustan

15 Óscar es un compañero muy...
- ☐ a. trabajadora.
- ☐ b. trabajador.
- ☐ c. trabajo.

16 Me gusta la gente...
- ☐ a. alegres.
- ☐ b. optimistas.
- ☐ c. optimista.

17 Mi cumpleaños...
- ☐ a. es el cinco de enero.
- ☐ b. está el cinco de enero.
- ☐ c. son el cinco de enero.

18 ¿Te gusta viajar en avión?
- ☐ a. No gusta.
- ☐ b. Bastante.
- ☐ c. Sí, te gusta.

Comida de negocios // 4

Como de todo

1. Clasificar palabras y expresar gustos
2. Ordenar expresiones de frecuencia
3. Escribir números en letras
4. Formular preguntas con el verbo **poder**
5. Relacionar imágenes con diálogos
6. Referirse a algo mencionado: **lo**, **la**, **los**, **las**

Una mesa libre

7. Formular preguntas
8. Formular frases con **se** impersonal
9. Comprender información de una agenda
10. Decir la hora
11. Relacionar preguntas con respuestas
12. Completar datos de una reserva
13. Elegir la preposición correcta

¿Qué tomamos?

14. Entender una receta
15. Completar una explicación
16. Repasar vocabulario
17. Completar formas verbales: **e > ie**, **o > ue**
18. Completar un diálogo
19. Clasificar frases

Al teléfono

20. Conectar a personas (1)

Correspondencia

21. Una reserva

La pronunciación

22. La acentuación de los verbos

Portfolio

Test

Como de todo

1 La cesta de la compra

a Escribe estos productos en la columna correspondiente. ¿Puedes añadir alguno más?

agua • yogur • tomate • zumo • jamón • vino • leche • mango • brócoli • cerveza • lechuga • pollo • plátano • mantequilla • cerdo • naranja

bebidas	frutas	verduras	carne	lácteos

b Ahora escribe tus gustos.

me gusta/n
mucho ☺☺
bastante ☺
no … mucho 😐
no … nada ☹

1. Un alimento que te gusta mucho: __________
2. Uno que no te gusta nada: __________
3. Uno que te gusta bastante: __________
4. Uno que no te gusta mucho: __________

2 Tus actividades

a Ordena estas expresiones según la frecuencia en la línea de abajo.

siempre • nunca • los lunes • dos veces al mes • casi todos los domingos • tres veces al día • casi nunca

-- ++

b Marca con qué frecuencia haces estas cosas y después escribe las frases.

la frecuencia
Escribir las expresiones de frecuencia delante del verbo siempre es correcto: **Pocas veces** tomo vino.

	todos los días	los fines de semana	muchas veces	pocas veces	casi nunca	nunca
1. comer fruta y verdura	☐	☐	☐	☐	☐	☐
2. beber alcohol	☐	☐	☐	☐	☐	☐
3. cenar en un restaurante	☐	☐	☐	☐	☐	☐
4. asistir a reuniones	☐	☐	☐	☐	☐	☐
5. celebrar fiestas	☐	☐	☐	☐	☐	☐
6. trabajar en equipo	☐	☐	☐	☐	☐	☐
7. practicar deporte	☐	☐	☐	☐	☐	☐
8. escribir correos electrónicos	☐	☐	☐	☐	☐	☐

Casi nunca asisto a reuniones.

3 La lista de la compra

Escribe en letras las cantidades de esta lista de la compra.

OJO
Medio nunca se usa con el artículo: **medio kilo** de carne

1 1/2 kg tomates
3 l agua
2 l cerveza
250 g jamón
200 g queso
1/2 kg patatas

4 Una fiesta

a Tú y tus amigos preparáis una fiesta para Javier. ¿Qué puede hacer cada uno? Mira la lista y escribe las frases con el verbo *poder*.

	yo	Antonio	María
buscar un regalo	☐	☒	☒
comprar bebidas	☒	☐	☐
llamar a los hermanos de Javier	☐	☒	☐
preparar la comida	☒	☒	☐
llevar música	☐	☒	☒

Antonio y María pueden buscar un regalo.

b Escribe ahora las preguntas para tus amigos.

Antonio, ¿podemos preparar tú y yo la comida, por favor?

5 ¿De qué hablan?

Escribe el nombre de lo que ves en las fotos y añade el artículo determinado. Después, escucha los diálogos y relaciónalos con las imágenes. ▶▶ 25 – 26

6 ¿Cómo lo tomas?

¿A qué se refiere cada frase? Relaciona los elementos de las dos columnas.

1. Lo tomo sin azúcar.
2. No la puedo preparar.
3. Lo hablo muy bien.
4. Los escribe la secretaria.
5. Mi amigo las busca en un hotel.
6. Los tomo con leche.
7. La bebo muy fría.
8. Las compro en el supermercado.

a. los cereales
b. las prácticas
c. la cerveza
d. la reunión
e. las patatas
f. el café
g. los correos
h. el inglés

Una mesa libre

7 Un buen restaurante

Preguntas a un amigo sobre un restaurante. Escribe las preguntas para estas respuestas.

1. • ¿Te gusta el restaurante?
   ○ Sí, me gusta mucho. Es un restaurante muy bueno.
2. • ______________________________
   ○ Está en Valencia, en la calle Mayor.
3. • ______________________________
   ○ Tiene comida tradicional.
4. • ______________________________
   ○ De lunes a domingo, de 10:00 a 24:00 horas.
5. • ______________________________
   ○ Sí, con Visa o con Mastercard.

8 En el restaurante

Escribe frases con *se* como en el modelo para describir un restaurante.

1.	buscar	cocinero	En el restaurante se busca cocinero.
2.	buscar	camareros simpáticos	
3.	usar	tarjetas de crédito	
4.	necesitar	más patatas	
5.	organizar	fiestas privadas	
6.	vender	cerveza alemana	
7.	hacer	menús del día	
8.	cocinar	comida ecológica	

OJO
Se busca cocinero.
Se buscan cocineros.

9 La agenda de Marta

Mira la agenda y escribe frases según el modelo.

LUNES	MARTES	MIÉRCOLES	JUEVES	VIERNES	SÁBADO	DOMINGO
9:00-10:00 Desayuno con Jaime (hablar del nuevo proyecto)	11:30-12:30 Clase de inglés	9:15-10:45 Preparación de la feria en Barcelona	14:00 Comida con el Sr. Antúnez. Restaurante Casa Pepe	17:00 Viaje a Barcelona	Desde las 10:00: feria, stand nº 27	

El lunes de nueve a diez desayuna con Jaime para hablar del nuevo proyecto.

10 ¿Qué hora es?

a Escribe qué hora es.

☐ 
Son las tres menos cuarto.

☐ 
____

☐ 
____

☐ 
____

☐ 
____

☐ 
____

b Escucha los diálogos y relaciónalos con las horas del ejercicio anterior. ▶▶ 27–28

11 Preguntas y respuestas

Relaciona las preguntas con las respuestas correspondientes.

1. ¿Cuánto cuesta el menú?
2. ¿Qué hora es?
3. ¿Se puede pagar con tarjeta?
4. ¿A qué hora desayunas?
5. ¿Cuánto cuestan los tomates?
6. ¿Qué tipo de comida tienen?
7. ¿Abren los domingos?
8. ¿Cómo tomas el café?

a. A las siete.
b. 2,50 € el kilo.
c. Con leche y azúcar.
d. Sí, con Visa o Mastercard.
e. Española tradicional.
f. Son las siete menos cuarto.
g. No, solo de lunes a sábado.
h. Cuesta 12,50 €.

12 Una reserva

Escucha el diálogo y completa los datos de esta reserva. ▶▶ 29

RESERVA

Día: ______________________

Hora: ______________________

Número de personas: ______________

Nombre: ______________________

13 ¿Cuándo?

Lee estas frases y elige la preposición correcta en cada caso.

1. Ahora son a / — las diez a / de la mañana y — / a las once tenemos una reunión con el jefe.
2. Por / A la mañana desayuno en / a un bar y después, a / por la una, como a / en un restaurante.
3. En ese restaurante se puede cenar de / por diez a / de doce de / por la noche.

¿Qué tomamos?

14 Salmorejo

a Escucha y marca con una cruz si las frases son verdaderas o falsas. 30

	verdadero	falso
1. Es una especialidad mexicana.	☐	☐
2. Se toma de primer plato.	☐	☐
3. Se toma en enero o febrero.	☐	☐
4. Se toma caliente.	☐	☐
5. Lleva muchas verduras.	☐	☐
6. Los vegetarianos lo pueden comer.	☐	☐
7. Se come con jamón y huevo.	☐	☐

b Escucha otra vez y corrige las frases falsas.

15 Especialidades

a ¿Conoces los platos de las fotos? Completa los textos con las palabras siguientes.

patatas • queso • caliente • alemán • frío • suiza

Ensalada de patata

Es un plato ______________.
Lleva ______________ y
se come ______________.

Fondue

Es una especialidad
______________. Se hace
con ______________.
Se come ______________.

b Piensa en un plato de tu país y escribe una explicación.

16 Series de palabras

¿Qué palabra no corresponde en cada serie? ¿Puedes añadir una más?

1. carne • pollo • filete • delgado • ______________
2. postre • primo • segundo • bebida • ______________
3. turco • austríaco • gazpacho • suizo • ______________
4. domingo • miércoles • comes • jueves • ______________

17 Verbos irregulares

a Completa los verbos con las vocales que faltan.

t___nen	t___ngo
qu___res	qu___remos
pref___rimos	pref___ro
p___de	p___déis

Recuerda
tener: yo **tengo**

b Ahora escribe los verbos de arriba en el lugar correspondiente y completa la tabla con las formas que faltan.

	tener	querer	preferir	poder
yo				
tú				
él / ella / usted				
nosotros/-as				
vosotros/-as				
ellos/-as / ustedes				

18 En el restaurante

Completa el diálogo con las formas correspondientes de los verbos *tener*, *querer*, *preferir* y *poder*. A veces hay varias posibilidades.

- ● Buenos días, señores, ¿__________ la carta?
- ○ ¿__________ el menú del día?
- ● Sí, claro. De primero __________ tomar sopa de tomate o ensalada.
- ○ Yo __________ la sopa.
- ■ Pues yo __________ la ensalada.
- ● Muy bien. ¿Y de segundo? __________ paella o pescado a la plancha.
- ○ ¿La paella lleva carne? Yo no __________ carne, soy vegetariano.
- ● Sí, lleva carne y pescado.
- ○ Pues entonces __________ pescado a la plancha.
- ■ Para mí también pescado.

19 ¿Quién dice qué?

Escribe qué frases dice el camarero y cuáles el cliente.

La cuenta, por favor. • ¿Cuánto cuesta el menú? • De primero tenemos ensalada o gazpacho. • Aquí tiene la cuenta. • Para beber, una botella de vino. • Es una especialidad francesa. • ¿Tienen platos vegetarianos? • Buenos días, ¿qué quieren tomar?

camarero	cliente

Al teléfono

20 Conectar a personas (1)

a Escucha y relaciona cada diálogo con la situación correspondiente. 31 – 32

- ☐ No está.
- ☐ No está en su puesto de trabajo.
- ☐ Habla por teléfono con otra persona.
- ☐ El número no es correcto.

b Escucha los diálogos otra vez y relaciona las frases con las situaciones.

- ☐ Lo siento, se ha equivocado. No es aquí.
- ☐ La Sra. Gil no se puede poner, está en una reunión.
- ☐ El Sr. Castro no está, está de viaje.
- ☐ Lo siento, su teléfono comunica / está ocupado.

Correspondencia

21 Una reserva

Amalia Paredes pide información en un restaurante. Lee su correo y la respuesta que recibe. ¿Puedes reconstruir el correo de Amalia con la ayuda de la respuesta?

```
De:      Amalia.paredes@masisa.com
Para:    reservas@nolita_restaurante.com
Asunto:  Información sobre reserva
```

______________________:

Queremos celebrar una cena de empresa ________
____
____.
¿Pueden reservar una mesa para nosotros?
¿Tienen por la noche
______________________?
¿Cuánto ______________________?

______________________,

Amalia Paredes

Estimada señora Paredes:

Muchas gracias por su correo y por su interés en el Restaurante Nolita. Podemos reservar a nombre de la empresa Masisa una mesa para diez personas el jueves día 20 a las nueve y media. Por la noche tenemos un menú con tres primeros, tres segundos y tres postres que le envío con este correo. El menú cuesta 30 euros por persona.
Espero su respuesta para hacer la reserva.
Cordiales saludos,
Andrés Castillo

Pronunciación

22 La acentuación de los verbos

a Lee las palabras siguientes y marca la sílaba acentuada.

busco · puedo · queremos · trabajan · tienes · prefiero · cuestan · estudias · abre · desayunáis · toman · podéis · desea · tengo

OJO
Las terminaciones solo se acentúan en las formas de **nosotros** y **vosotros.**

b Escucha y comprueba. 33

c Escucha otra vez y repite.

Portfolio

YA SÉ...

> hablar de preferencias de comida:
Me gusta mucho
Como

> expresar frecuencia:
Todos los días
Nunca

> hacer una reserva:
¿Tiene para

> describir un restaurante:
Es Tiene Abre

> pedir en un restaurante:
Para mí, de
Yo quiero

> los días de la semana:
lunes, martes,

> informarme sobre la comida:
¿Qué lleva
¿Se come

> hablar de cantidades:
1 kg, 100 g
1/2 l

> preguntar y decir qué hora es:
¿Qué
Son las

Test

Elige la respuesta correcta.

1
- ¿Qué fruta te gusta?
- ...

☐ a. No, soy vegetariano.
☐ b. La manzana y el plátano.
☐ c. Me gustan mucho los huevos.

2
- ¿Cómo tomas el café?
- ...

☐ a. Casi nunca.
☐ b. Con leche y azúcar.
☐ c. Como de todo.

3
- ¿Tomas tostadas?
- Sí, ...

☐ a. nunca.
☐ b. muchas veces.
☐ c. muchos.

4 El restaurante abre...

☐ a. todos los domingos.
☐ b. las diez de la mañana.
☐ c. por el fin de semana.

5
- ¿Qué hora es?
- ...

☐ a. Son las doce y media.
☐ b. Doce de noviembre.
☐ c. Lunes doce.

6 Las verduras me ... mucho.

☐ a. gusta
☐ b. gustan
☐ c. gustas

7 En el desayuno ... cereales.

☐ a. se toman
☐ b. se toma
☐ c. puedo

8 No ... tomar leche. Soy alérgico.

☐ a. tengo
☐ b. puedo
☐ c. puedes

9 ... las dos de la tarde tomo un café.

☐ a. A
☐ b. Por
☐ c. —

10
- ¿A qué hora abren?
- ...

☐ a. Lo siento, no tengo hora.
☐ b. Son las tres.
☐ c. A las diez.

11
- ¿Cómo tomas las tostadas?
- ...

☐ a. Caliente.
☐ b. Con mantequilla.
☐ c. En el desayuno.

12
- ¿Qué quieren tomar?
- Para mí, ... sopa.

☐ a. de primero
☐ b. tomar
☐ c. es

13 El restaurante es...

☐ a. barato y tiene menús.
☐ b. en el centro de Madrid.
☐ c. rápido.

14
- ¿Quién compra el vino?
- ... compra Maribel.

☐ a. —
☐ b. La
☐ c. Lo

15 ¿Qué ... la ensalada mixta?

☐ a. come
☐ b. lleva
☐ c. toma

16 ¿Cuánto ... el menú del día?

☐ a. cuesta
☐ b. toma
☐ c. quiere

17 ¿A ... de quién reservo?

☐ a. parte
☐ b. nombre
☐ c. persona

18 ... la noche no tomo café.

☐ a. De
☐ b. A
☐ c. Por

En esta Etapa, las tareas corresponden al examen DELE A1.

1 Comprensión lectora

Lee los anuncios y las frases que siguen. Luego, busca los siete anuncios que corresponden a las frases.

A JUAN ANTONIO CISNEROS
Hola, soy Juan Antonio y estudio Turismo. Busco unas prácticas para el verano. Hablo un poco de alemán.

B GASTÓN CEBALLOS
Chef del restaurante La Mar. Curso de cocina peruana, 15 y 16 de noviembre. Precio 80 €. Información: 93 12 45 86.

C ANTONIO GÁLVEZ
Soy nuevo en Madrid. Me gusta la música moderna y soy profesor de guitarra. Busco contacto con músicos activos.

D ADELA FORNÉS
Hola, me llamo Adela. Tengo dos hijos de 5 y 7 años y busco familias para hacer actividades deportivas los fines de semana en Madrid.

E FELIPE GARCÍA
Soy informático y me gusta viajar. Busco amigos en Internet para organizar viajes. Hasta pronto.

F SOLEDAD RUIZ
Estudio francés en una escuela de idiomas y busco amigos para practicar el idioma. En Madrid o por Skype.

G CRISTINA TORRES
Soy Cristina, de Argentina, pero vivo en Madrid. Tengo 23 años y trabajo en un hotel. Me gusta la gente activa y jugar al fútbol.

H CHRISTIAN CRAIK
Vivo en Londres. Tengo un blog de cocina y quiero escribir recetas de Latinoamérica.

I PETER SINGER
Soy Peter de Manchester y quiero viajar a España dos meses para practicar mi español. Estudio español en la universidad.

1. ¿Vives en Madrid? ¿Te gusta el fútbol? Necesitamos una compañera para el equipo. ☐
2. Se busca estudiante para hacer prácticas en una agencia de viajes de Berlín. ☐
3. Tengo vacaciones en noviembre. Me gusta cocinar. ☐
4. ¿Hablas inglés? ¿Tienes más de 18 años y quieres trabajar en Valencia en julio y agosto? Buscamos camareros simpáticos para bar. ☐
5. Somos nuevos en Madrid. Somos Ana (6 años), Álvaro (7 años) y Maribel (38 años) y buscamos amigos. Nos gusta mucho hacer deporte. ☐
6. Se buscan músicos para grupo de rock. Reuniones los jueves y fines de semana. ☐
7. Soy de Chile y me gusta mucho la cocina de mi país. Organizo cenas con amigos para cocinar platos tradicionales. ☐

2 Comprensión lectora

Lee las notas y las frases que siguen. Luego, busca las siete notas que corresponden a las frases.

A
2 l de leche
250 g de jamón
cereales

B
llamar por teléfono
al tío Antonio

C
¿nueva dirección
de Carlos?

D
Verde
menús vegetarianos
93 4673087

E
reservar para el
jefe una mesa en
el Lima&Limón

F
clase de inglés
viernes
14:00 h

G
desayuno con el
Sr. Ramírez, de Masisa

H
Iberia 7 92
Madrid-Barcelona
14:05

I
cumpleaños del jefe
de Marketing

J
asistir al congreso
en París

1. Organizar una comida de empresa. ☐
2. Hablar con una persona de la familia. ☐
3. Aprender un idioma. ☐
4. Viajar al extranjero por trabajo. ☐
5. Organizar una fiesta para un colega. ☐
6. Comprar en el supermercado. ☐
7. Escribir un correo electrónico. ☐

3 Comprensión lectora

Lee estos anuncios y completa las frases con la información de los textos.

Restaurante LA CALETA

Comida típica andaluza

c/ Velázquez, 37
28013 Madrid
Tel. 91 654 38 23

Horario: de lunes a sábado
13:00 – 17:00
20:00 – 24:00

Nuevo en febrero:
Menú de productos del mar
Precio: 24 €

CUATRO TAPAS

Cocina española tradicional

c/ Barbieri, 4
28004 Madrid
Reservas: 619 209 654

Lunes – viernes:
9:00 – 17:00
20:00 – 24:00
Sábados: 20:00 – 24:00
Oferta jueves: tapas por 3 €

Ecocentro Restaurante

La mejor comida vegetariana de Madrid

c/ Esquilache, 4
28003 Madrid
Reservas: 915 535 502

Todos los días de 10 de la mañana a 12 de la noche

Precio: a la carta 30 – 50 €
Visa, Amex, Mastercard

1. La dirección del restaurante Cuatro Tapas es ____________.
2. En La Caleta, el menú de productos del mar está desde el mes de ____________.
3. Para cenar el domingo por la noche puedo reservar en ____________.
4. El menú de productos del mar en La Caleta cuesta ____________.
5. En el restaurante Ecocentro se puede pagar ____________.
6. En Cuatro Tapas, las tapas cuestan 3 € los ____________.
7. No puedo comer carne y por eso reservo en el restaurante ____________.

4 Comprensión auditiva

Escucha los mensajes dos veces. Relaciona cada mensaje con la imagen correspondiente. 34

Mensaje 1 ☐
Mensaje 2 ☐
Mensaje 3 ☐
Mensaje 4 ☐
Mensaje 5 ☐

5 Comprensión auditiva

Escucha dos veces a Rosa hablar sobre sus compañeros de trabajo. Relaciona después las seis personas con los seis datos correspondientes. 35 – 36

1. El jefe ☐
2. Antonio ☐
3. La secretaria ☐
4. Andrea ☐
5. Robert ☐
6. Miguel ☐

a. es muy tímido.
b. es bajito y gordito.
c. es muy divertido.
d. es bastante antipática.
e. estudia inglés.
f. es hija del jefe.
g. vive en la calle Huertas.
h. tiene 53 años.
i. hace mucho deporte.

6 Comprensión auditiva

Paco tiene un nuevo trabajo. Escucha el diálogo dos veces y completa las frases con la información que falta. 37

1. Paco trabaja en una empresa ______________.
2. La empresa está ______________ de Valencia.
3. En la empresa Paco lleva ______________.
4. La empresa tiene ______________ empleados.
5. La estudiante en prácticas es ______________ del jefe.
6. Los empleados comen juntos todos los ______________.
7. La empresa asiste a una feria el ______________.

7 Expresión escrita

Quieres conocer a personas para practicar español y por eso te inscribes en esta página web.

INTERCAMBIO DE IDIOMAS Registra tu cuenta

Nombre: ______

Apellido(s): ______

Dirección: ______

Nacionalidad: ______

Profesión: ______

Edad: ______

Correo electrónico: ______

Fecha de nacimiento: Día: ______ Mes: ______ Año: ______

Información sobre ti:

¿Cómo eres tú? ______

¿Qué te gusta hacer? ______

¿Para qué estudias español? ______

8 Expresión oral

Preséntate y habla sobre ti. Puedes hablar de los aspectos de abajo. (Duración: 2 minutos)

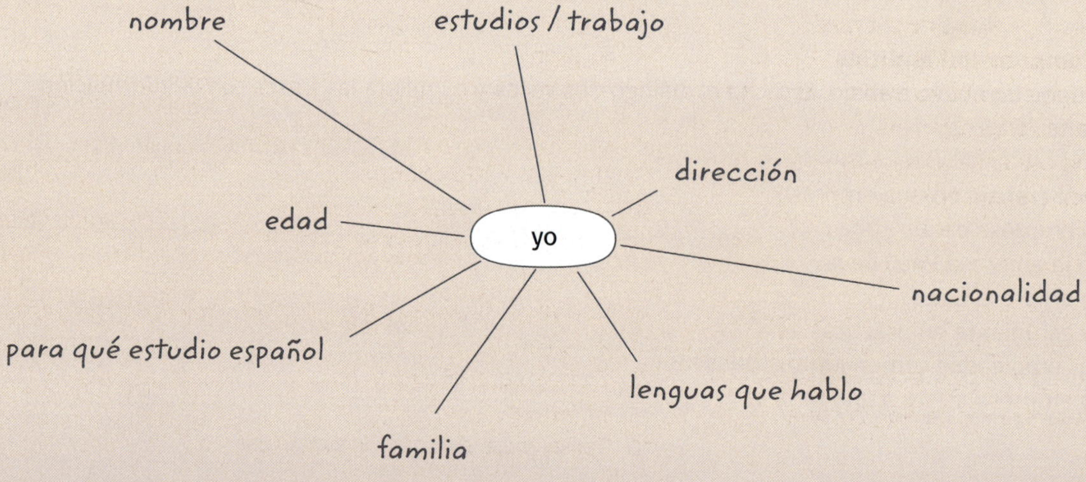

UNA CIUDAD EN CIFRAS

Por la ciudad // 5

Una ciudad para enamorarse

1. Clasificar palabras: la ciudad
2. Relacionar imágenes con títulos
3. Elegir el verbo correcto: **hay** o **está**
4. Formular preguntas
5. Completar un correo con recomendaciones

Moverse por Madrid

6. Identificar sonidos de la ciudad
7. Completar frases: el verbo **ir**
8. Completar frases: **muy** o **mucho**
9. Elegir la preposición correcta
10. Los contrarios de adjetivos
11. Entender instrucciones escritas
12. Entender una instrucción por teléfono

Santiago, ciudad de ferias

13. Repasar vocabulario
14. Llamar la atención: **tú** o **usted**
15. Formular frases: expresiones de lugar
16. Completar diálogos: expresiones de lugar
17. Trabajar con el diccionario: infinitivos
18. Tomar nota de cómo ir a un lugar

Al teléfono

19. Conectar a personas (2)

Correspondencia

20. Empezar un correo

Pronunciación

21. La pronunciación de la **c** / **z**

Portfolio

Test

Una ciudad para enamorarse

1 Una ciudad para los negocios, la cultura…

Escribe las palabras en la columna correspondiente. Hay varias posibilidades. ¿Puedes añadir alguna palabra más?

fútbol • restaurante • vacaciones • empresa • equipo • museo • congreso • tapas • montaña • oficina • concierto • playa • festival • estadio • cocina

negocios	cultura	gastronomía	tiempo libre	deporte

2 Barcelona

a Relaciona las imágenes con los títulos.

1

2

3

4

5

6

- ☐ Gaudí en el centro de la ciudad
- ☐ La zona peatonal de las Ramblas
- ☐ El estadio del FC Barcelona
- ☐ El Mercado de la Boquería
- ☐ El centro de congresos Gran Vía
- ☐ La playa de Barcelona

b ¿Dónde se pueden hacer estas actividades en Barcelona? Escribe frases.

- visitar ferias y congresos
- hacer deporte al aire libre
- comprar verdura y pescado
- pasear y cenar en un restaurante
- ver al FC Barcelona
- ver edificios de Gaudí

1. *En el centro de congresos Gran Vía se pueden visitar ferias y congresos.*
2.
3.
4.
5.
6.

Recuerda
Me gusta…
Quiero…
Prefiero…

c ¿Y tú qué quieres hacer en Barcelona?

Yo quiero pasear por las Ramblas.

3 ¿Qué hay en Barcelona?

Elige el verbo correcto.

1. En Barcelona hay / están muchas zonas peatonales.
2. El parque Les Corts está / hay en el centro de la ciudad.
3. En el casco antiguo hay / está un bar de tapas, La Moreneta.
4. En el Sinco hay / están conciertos gratis, pero las bebidas son muy caras.
5. En Barcelona hay / están restaurantes de comida tradicional muy tranquilos.
6. Hay / Están dos centros para organizar ferias y congresos: Gran Vía y Montjuïc.

4 En la Oficina de Información y Turismo

a Estás en Barcelona y quieres buscar estos lugares, pero no sabes si existen o dónde están. Escribe las preguntas.

1. ______
2. ______
3. ______
4. ______

- un restaurante barato
- el casco antiguo
- un café tranquilo en el centro
- el Mercado de la Boquería

b Escucha y marca dónde están estos lugares. 38 – 39

1. ☐ En el barrio de Gracia.
   ☐ En la Diagonal.
2. ☐ Aquí.
   ☐ En el centro.
3. ☐ Cerca de la Sagrada Familia.
   ☐ Cerca de Santa María del Mar.
4. ☐ Cerca.
   ☐ En el Barrio Gótico.

5 Un correo de la oficina en España

Tu empresa en España necesita ayuda. Lee su correo y completa la respuesta con las notas.

Estimado Sr. Alonso:
La empresa quiere mandar a un grupo de técnicos a su ciudad para un curso de formación. Con el programa queremos preparar algunas actividades de tiempo libre. ¿Puede mandarme información sobre un lugar para comer y una idea para salir por la noche?
Cordiales saludos,
Laura Sansejo

Estimada Sra. Sansejo:
Con gusto respondo a sus preguntas sobre las actividades.
______
______
______
______

Esperamos su visita.
Un cordial saludo,

- Ciudad: buena oferta en restaurantes para comidas de negocios
- Cerca empresa: 2 restaurantes. 'La Cocina', tradicional, y 'Roma', italiano
- Día: edificios antiguos y pasear
- Noche: dos calles con bares y discotecas

Moverse por Madrid

6 Sonidos de la ciudad

Escucha y escribe qué medio de transporte es. ▶▶ 40

1. una bicicleta
2. Metro / tranvía.
3. bus
4. a pie
5. ______
6. auto/carro coche.

7 Palabras en contexto

Completa las frases con la forma correcta del verbo *ir*.

1. Mis tíos van en tren porque no tienen coche.
2. ¿Comemos primero o ______ a la oficina?
3. Yo siempre ______ a ese restaurante y como el menú. Es muy bueno.
4. Si ______ a la reunión, podéis conocer a los nuevos clientes.
5. Juan, ¿______ al departamento de Marketing? ¿Puedes esperar? Yo también ______.
6. Eva prefiere asistir al congreso en Valencia, pero yo ______ a Santiago.
7. Mi colega vive en el centro y siempre ______ a pie o en bicicleta.
8. ¿Vosotros también ______ en metro al aeropuerto?

8 Una entrevista en la calle

Completa con *muy* o *mucho/-a/-os/-as*.

1. Yo tengo ______ reuniones en el centro de la ciudad y viajo en metro. El metro en Madrid es ______ rápido y seguro. Hay ______ trenes y ______ líneas.
2. Yo, por mi trabajo, visito a ______ clientes en diferentes barrios de la ciudad y tengo ______ poco tiempo. Voy siempre en mi coche. Es ______ caro, pero no hay otra posibilidad.
3. Yo trabajo ______ lejos de mi casa, en un edificio de oficinas a 20 km. Son ______ kilómetros, pero tengo una parada de tren ______ cerca de mi casa. El tren es ______ moderno y no ______ caro.
4. Yo compro ______ en el barrio. Aquí hay ______ tiendas y no necesito ______ tiempo. Voy siempre a pie. Y por las tardes disfruto ______ de los parques y los cafés con mis amigas.

9 Preposiciones

Elige la preposición correcta.

1. Me gusta disfrutar de / a la playa.
2. La ruta de / en las tapas me gusta mucho.
3. Voy a / en casa a / en tranvía y con / en autobús.
4. En / A las horas punta mucha gente va en / con metro.
5. Hoy tengo una cena de / con clientes en / para el centro de congresos.
6. En / A los alrededores de Barcelona hay muchas posibilidades para / en hacer deporte.

10 Ser o no ser

a Busca los contrarios de los siguientes adjetivos.

lento/-a	↔ ________		barato/-a	↔ ________		malo/-a	↔ ________
antiguo/-a	↔ ________		difícil	↔ ________		vago/-a	↔ ________
antipático/-a	↔ ________		tímido/-a	↔ ________		pesimista	↔ ________

b ¿Cómo tienen que ser o no ser? Usa los adjetivos de arriba.

1. el transporte en las grandes ciudades: ________
2. el edificio de tu empresa / escuela: ________
3. un/a estudiante en prácticas: ________
4. un/a recepcionista: ________

11 Explicación del camino en metro

Quieres ir a la feria de Madrid que está en el parque Juan Carlos I. Estás en la estación de metro Sol. Tienes dos posibilidades para llegar. Lee los textos. ¿Cuál tiene menos estaciones?

1. Usted tiene que tomar la línea 1 hasta Tribunal. Allí tiene que cambiar a la línea 10 en dirección a Chamartín hasta Nuevos Ministerios. Luego tiene que cambiar a la línea 8 en dirección al aeropuerto. Son 4 estaciones hasta Campo de las Naciones.

2. Primero tomas la línea 1 en dirección a Pinar de Chamartín. Allí cambias a la línea 4 hasta Mar de Cristal y cambias otra vez a la línea 8 en dirección al aeropuerto. El parque Juan Carlos I está en la estación Campo de las Naciones.

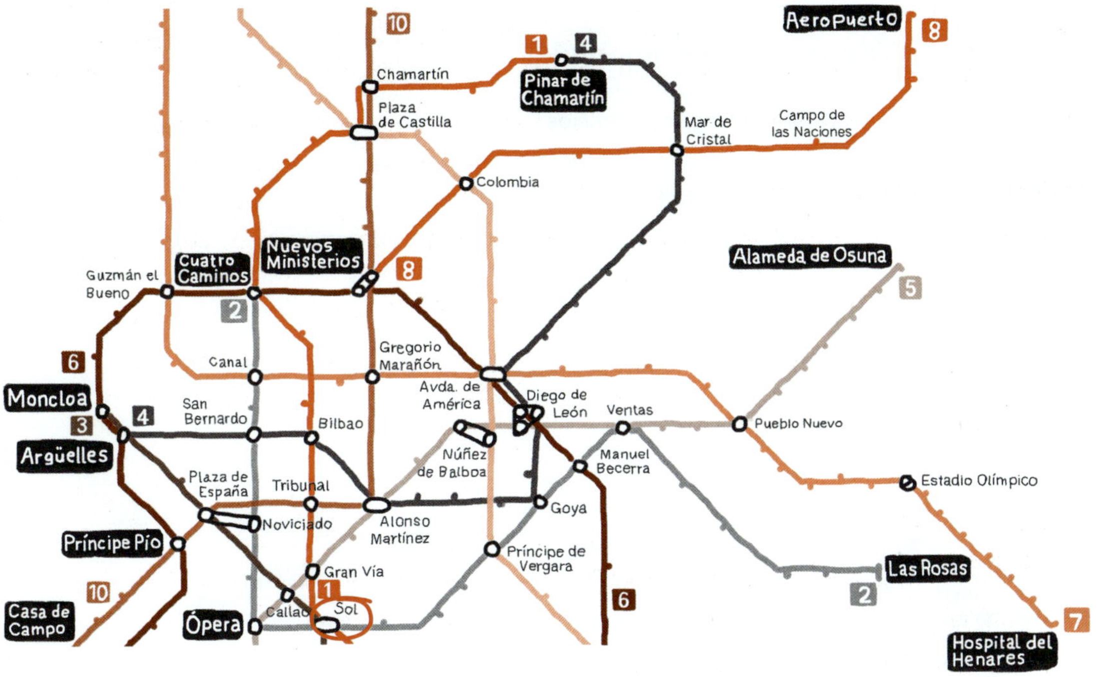

12 Después de la feria

Quieres ir a cenar al restaurante El Buey con un amigo. Escucha su mensaje. ¿Dónde está el restaurante? ▶ 41

1. ☐ A 100 metros de la Puerta del Sol.
2. ☐ A 100 metros de la plaza de la Ópera.

Santiago, ciudad de ferias

13 Series de palabras

¿Qué palabra no corresponde al grupo? ¿Puedes añadir una más a cada grupo?

1. sala de prensa • Información • zona wifi • teatro • ____________
2. zona peatonal • teatro • iglesia • museo • ____________
3. parque • autobús • metro • bicicleta • ____________
4. atractivo • famoso • automático • bueno • ____________

14 En la feria

a ¿Hablan de *tú* o de *usted*? Marca con una cruz.

	tú	usted
1. Por favor, ¿sabe dónde están los servicios?	☐	☐
2. Oye, ¿dónde está el ascensor?	☐	☐
3. Perdone, ¿un cajero automático?	☐	☐
4. Oiga, por favor, ¿sabe dónde está la zona wifi?	☐	☐
5. Perdona, ¿dónde está la estación de metro Sol?	☐	☐
6. Perdón, ¿sabes dónde está la cafetería?	☐	☐

b Pregunta a estas personas por los siguientes lugares. ¿Hablas de *tú* o de *usted*?

1. a una señora mayor en Información: ¿la sala de prensa?
   Perdone, ____________
2. a un señor en la calle: ¿una estación de metro?
   ____
3. a tu compañero hispanohablante: ¿los servicios?
   ____
4. a un posible cliente en la feria: ¿la zona wifi?
   ____
5. a una persona de la misma edad: ¿Información?
   ____

Recuerda
En España se puede usar también *tú* en las relaciones profesionales entre compañeros, sobre todo si tienen la misma edad.

15 ¿Dónde está tu cliente?

Mira los dibujos y escribe dónde está tu cliente.

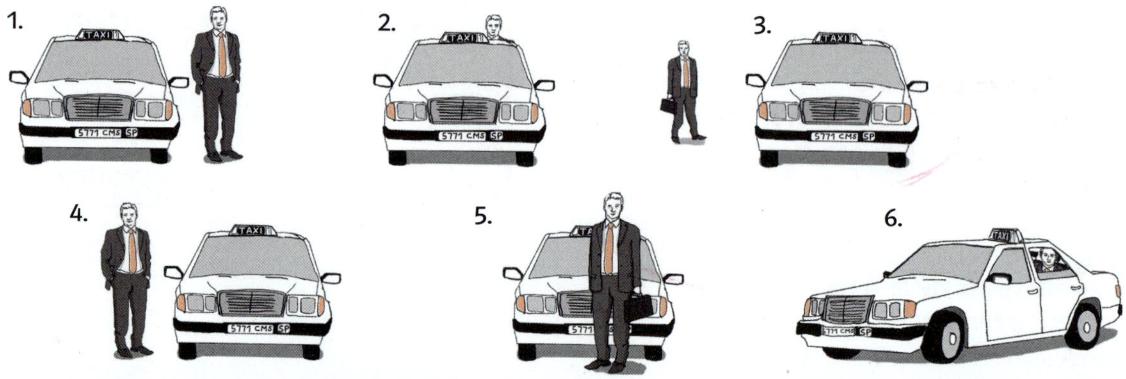

1. El cliente está a la derecha del taxi.

16 ¿Dónde están las cosas?

Mira el plano de la feria de Santiago y completa los diálogos con las expresiones de lugar.

Información
Servicios
Restaurante
Zona wifi
Sala de prensa
Zona VIP
Cafetería
Cajero automático
Ascensor
Tienda
Parada de taxis
Parada de autobús

1. ● ¿Dónde está Información?
   ○ Está ______________ la entrada.
2. ● ¿Hay una zona wifi cerca?
   ○ Sí, está ______________ la cafetería.
3. ● Por favor, ¿dónde están los servicios?
   ○ Sí. Los servicios están ______________ el restaurante e Información.
4. ● Por favor, ¿la sala de prensa?
   ○ Sí. La sala de prensa está ______________.
5. ● Perdone, ¿dónde están los ascensores?
   ○ Aquí al lado, ______________ los servicios.
6. ● Por favor, ¿hay un restaurante aquí?
   ○ Sí, señor. ______________ los servicios y la zona wifi.
7. ● ¿Dónde está la tienda, por favor?
   ○ Está ______________ la entrada, ______________ Información.

17 Encontrar verbos en el diccionario

Quieres buscar los siguientes verbos en el diccionario. ¿Cómo es el infinitivo?

seguimos • podéis • prefiero • sois • quieres • estoy • vamos • tengo • juegas • voy • preferís • están • jugamos • es • pueden • tienen • sigo • queremos

18 Está aquí cerca

a Escucha las indicaciones y escribe cómo vas a estos lugares. 42

El banco: muy cerca seguir todo recto 2ª calle izqe, dcha al lado de un restaurante.

El tren: 1 calle dcha todo recto zona peatonal es final. muy lejos.

b Escucha otra vez y comprueba.

Al teléfono

19 Conectar a personas (2)

a Escucha y relaciona cada situación con el diálogo correspondiente. 43

☐ La persona hoy no está en la oficina.
☐ La recepcionista pasa la llamada.
☐ La persona ahora no tiene tiempo.

b Escucha los diálogos otra vez y relaciona las frases con las situaciones.

☐ Enseguida le paso con ella. ¿De parte de quién, por favor?
☐ En este momento habla por la otra línea.
¿Quiere dejar un recado?
☐ Lo siento, hoy está de viaje. ¿Puede llamarle mañana?

Correspondencia

20 Empezar un correo

Ordena los párrafos del correo que la señora Pavón envía al señor Brown.

De: leticia.pavon@tecnopro.com
Para: s.brown@patec.com
Asunto: Información para reserva hotel

☐ Además, envío, con mucho gusto, el nuevo catálogo.

☐ Me pongo en contacto con usted con motivo de la visita de nuestro representante a sus oficinas los días 24 y 25 de noviembre.

☐ Cordialmente,

☐ Estimado Sr. Brown:

☐ Para organizar el viaje de nuestro representante, el Sr. Castillo, necesitamos saber si hay un hotel cerca de su oficina en Liverpool.

Leticia Pavón
Asistente de Administración
Tecnopro S.A.

OJO
Para decir el motivo, puedes usar:
Me pongo en contacto con usted con motivo de… / para enviarle…

Pronunciación

21 La pronunciación de la *c* y la *z*

a Lee en voz alta las siguientes palabras y completa las sílabas que faltan.

ca, co, cu, c + consonante, que , ____ [k]	____ , ci , za, ze, zi, zo, zu [θ]
catálogo • cuatro • banco • querer • buscar • contabilidad • quién • atractivo • cultura • clase • Cuba • casa • queso • Quito • cuál	Barcelona • marzo • diciembre • diez • hacer • suizo • pronunciación • zeta • Zumárraga • francés • Zaragoza

b Escribe las palabras en las líneas según su sonido.

1. Hola, ¿qué tal? ¿Cómo está Carmen?
2. Zumo de la marca Zenón.
3. Quiero contactar con clientes en el centro Cuatro Caminos.
4. Tengo cien euros para comprar cosas en la zona peatonal de Zaragoza.

[k] qué, ____

[θ] zumo, ____

c Escucha y comprueba. ▶▶ 44

Portfolio

YA SÉ...

> describir una ciudad:
Es muy ____ Tiene ____ Hay ____

> preguntar si algo existe y dónde está:
¿Hay un/a ____
¿Está en ____

> hablar de los medios de transporte:
coche, bicicleta, ____
línea de metro, parada de autobús, ____

> decir adónde voy y cómo:
Voy a ____ en ____

> localizar algo:
El bar está a la izquierda de ____
Delante de la entrada hay ____

> llamar la atención y preguntar por el camino:
Oiga, ¿sabe dónde hay ____
Perdona, ¿dónde están ____

Test

Elige la respuesta correcta.

1 Por favor, para ir a la cafetería, ¿... todo recto?
- ☐ a. seguimos
- ☐ b. sigues
- ☐ c. siguen

2 A mi jefe le gusta pasear ... la feria.
- ☐ a. a
- ☐ b. por
- ☐ c. —

3 • ¿Hay un parque tranquilo en el centro?
○ ...
- ☐ a. Sí, muchas.
- ☐ b. Sí, está en el casco antiguo.
- ☐ c. A veces.

4 ¿Dónde ... el mercado?
- ☐ a. están
- ☐ b. hay
- ☐ c. está

5 El domingo disfruto ... la playa.
- ☐ a. —
- ☐ b. de
- ☐ c. a

6 • Por favor, ¿una parada de autobús?
○ ...
- ☐ a. Primero tiene que tomar el metro.
- ☐ b. Al final, tienes que ir todo recto.
- ☐ c. Al final de la calle.

7 Yo voy muchas veces ... metro.
- ☐ a. con
- ☐ b. a
- ☐ c. en

8 Aquí se usa ... la bicicleta.
- ☐ a. mucho
- ☐ b. muy
- ☐ c. mucha

9 En mi ciudad hay...
- ☐ a. el casco antiguo.
- ☐ b. un centro de congresos.
- ☐ c. la playa.

10 • ¿Cómo voy a la estación de tren?
○ ...
- ☐ a. Tengo que tomar el autobús.
- ☐ b. Tomamos el autobús.
- ☐ c. Tiene que tomar el autobús.

11 No quiero ir ... centro.
- ☐ a. a
- ☐ b. al
- ☐ c. en

12 • ¿Tienes coche?
○ No. Es ... caro.
- ☐ a. muy
- ☐ b. mucha
- ☐ c. mucho

13 Perdone, ¿... dónde están los servicios?
- ☐ a. sabes
- ☐ b. sabe
- ☐ c. saben

14 Los servicios están aquí...
- ☐ a. lejos.
- ☐ b. izquierda.
- ☐ c. cerca.

15 • ¿Adónde vas?
○ ...
- ☐ a. Yo, en tranvía.
- ☐ b. En autobús, me gusta más.
- ☐ c. A la oficina.

16 Hay una cafetería delante ... Información.
- ☐ a. —
- ☐ b. con
- ☐ c. de

17 ¿Hay ... oferta cultural en tu ciudad?
- ☐ a. mucha
- ☐ b. mucho
- ☐ c. pocas

18 Tomas la ... calle a la izquierda.
- ☐ a. primero
- ☐ b. primeras
- ☐ c. primera

Viajes de negocios // 6

Ocio y tiempo libre
1. Clasificar palabras: viaje de negocios o de tiempo libre
2. Completar un texto: verbos irregulares con **-g-**
3. Comprender diálogos: acuerdo o desacuerdo
4. Formar frases: pronombres de objeto indirecto
5. Elegir el pronombre adecuado
6. Reaccionar: **también** o **tampoco**

Un viaje de negocios
7. Combinar verbos con sustantivos
8. Comprender datos de una reserva
9. Formular frases: reservar una habitación
10. Relacionar quejas con situaciones
11. Clasificar frases según la situación
12. Relacionar frases con reacciones

El cliente siempre tiene la razón
13. Completar formas verbales: el perfecto
14. Completar preguntas: el perfecto
15. Expresar frecuencia: el perfecto
16. Formular frases en perfecto
17. Completar frases: presente o perfecto
18. Repasar vocabulario: viaje y ocio

Al teléfono
19. Dejar un recado

Correspondencia
20. Cerrar una carta

Pronunciación
21. La combinación de las palabras

Portfolio

Test

Ocio y tiempo libre

1 ¿Viaje de negocios o de tiempo libre?

¿Cuáles de estas actividades relacionas con un viaje de negocios? ¿Cuáles con uno de tiempo libre?

asistir a una reunión • ver la televisión • participar en un congreso • ir en bicicleta • contactar con clientes • llamar por teléfono a colegas • jugar al tenis • leer un libro • traducir un informe • nadar • organizar una cena para el jefe • hacer senderismo

viaje de negocios	viaje de tiempo libre

2 Verbos irregulares con *-g-*

a Escribe las formas que faltan de los verbos irregulares con *-g-*.

	hacer	poner	salir	traer	decir	venir
yo					digo	
tú						
él / ella / usted						viene
nosotros/-as						
vosotros/-as						
ellos/-as / ustedes						

Recuerda
Algunos verbos tienen otras irregularidades en la raíz:
decir: **e > i**
venir: **e > ie**

b Ahora completa con los verbos de arriba lo que cuenta Marcos.

“Por las tardes hago muchas cosas. Cuando salgo del trabajo, a las cinco o las seis, vengo enseguida aquí a casa. A veces pongo la televisión y como algo, porque no tengo tiempo de comer en la oficina. Los lunes y los miércoles hago footing y después, muchas veces compro dos pizzas en el restaurante de mi calle, las traigo a casa y espero a mi hermano para cenar.”

3 ¿De qué tema hablan?

a Escucha una vez y pon el número del diálogo correspondiente. 45–46

número	tema	acuerdo	desacuerdo
1	un monumento	☐	☒
3	comida mexicana	☐	☒
2	música cubana	☒	☐

b Escucha otra vez y marca si las personas están de acuerdo o no sobre los temas.

4 A mí me interesa aprender español

Une los elementos de las columnas para formar frases.

A mí A ti A mi jefe/-a A nosotros/-as A vosotros/-as A mis compañeros	(no)	me te le nos os les	encanta encantan gusta gustan interesa interesan molesta molestan	(mucho) (bastante) (nada)	los hoteles tranquilos. la comida española. el ruido. los países exóticos. las tiendas pequeñas. viajar en autobús. el tráfico. salir a cenar. trabajar los domingos.

Recuerda
+++ Me encanta.
++ Me gusta (mucho).
+ Me interesa.
– Me molesta.
– No me gusta nada.

A nosotros no nos gusta nada viajar en autobús.

5 Un viaje de negocios

El señor Miranda y su secretaria organizan un viaje. Elige el pronombre adecuado.

- Señor Miranda, ¿a qué hora le / me interesa viajar el miércoles a Barcelona? Puede salir en avión a las ocho, a las diez, a las doce…
- Sandra, ya sabes que no te / me gusta viajar en avión. Prefiero el tren.
- Sí, ya lo sé. A los señores Fernández y Cuesta tampoco le / les gusta, pero no tienen les / ustedes tiempo de viajar en tren el miércoles. Si le / usted quiere, puedo reservar el tren ya para el martes por la tarde.
- Uy, no. Me / Le molesta pasar muchas noches en un hotel. Entonces prefiero el avión a las ocho.
- De acuerdo. El avión a las ocho… ¿Y hotel? El Hotel NH Rambla está muy cerca del lugar del congreso… ¿Le / Se interesa ese o busco otro en el centro?
- Me / Nos encantan los hoteles de esa cadena. Sí, por favor. Entonces el vuelo a las ocho y el Hotel Rambla.
- Bien. Le / Lo reservo ahora mismo.

6 *También o tampoco*

Escribe las dos posibles reacciones a estas frases.

1. Me encanta salir en bicicleta.
   ☺ A mí también.
   ☹ ____________
2. Los lunes y los jueves hago footing.
   ☺ ____________
   ☹ ____________
3. No me gustan los hoteles grandes.
   ☺ ____________
   ☹ ____________
4. No estoy en facebook.
   ☺ ____________
   ☹ ____________
5. El sábado salgo con mis amigos.
   ☺ Yo también.
   ☹ ____________
6. Me interesan mucho los viajes culturales.
   ☺ ____________
   ☹ ____________
7. Normalmente voy a la oficina a pie.
   ☺ ____________
   ☹ ____________
8. Nunca tengo tiempo para estudiar.
   ☺ ____________
   ☹ ____________

Un viaje de negocios

7 Combinaciones

Marca con qué palabras se pueden combinar estos verbos. Añade una posibilidad más.

1. reservar
   - ☐ una mesa
   - ☐ una habitación individual
   - ☐ un camarero
   - ______________________

2. salir
   - ☐ excursiones
   - ☐ con amigos
   - ☐ en bicicleta
   - ______________________

3. hacer
   - ☐ una reserva
   - ☐ una excursión
   - ☐ una idea
   - ______________________

4. pedir
   - ☐ quejas
   - ☐ el menú
   - ☐ disculpas
   - ______________________

8 Una reserva

Escucha el diálogo y completa los datos de esta reserva. 47

RESERVA

Fechas: 24 - 25 marzo
Número de habitaciones: 1 individual
Tipo de habitación: (tranquila) individual.
Precio: 120€ x noche
Nombre: Sr. Antonio Moral
Empresa: Construcciones Canal
Comentarios: tranquila.

9 Reserva de un hotel

Trabajas en la recepción de un hotel y llama una cliente. Completa las frases que faltan.

- ● Hotel Canadá, buenas tardes. ¿En qué puedo ayudarle?
- ○ Quería reservar una habitación doble con baño y una individual.
- ● ¿Para qué días o fechas quiere la habitación?
- ○ Del 26 al 28 de enero, dos noches. ¿Cuánto cuestan las habitaciones?
- ● las habitaciones cuestan ______ (75 € / 57 €)
- ○ ¿Y el desayuno?
- ● es incluido
- ○ Perfecto. Entonces hacemos la reserva.
- ● ¿A nombre de quién?
- ○ A nombre de Mari Luz Contreras.

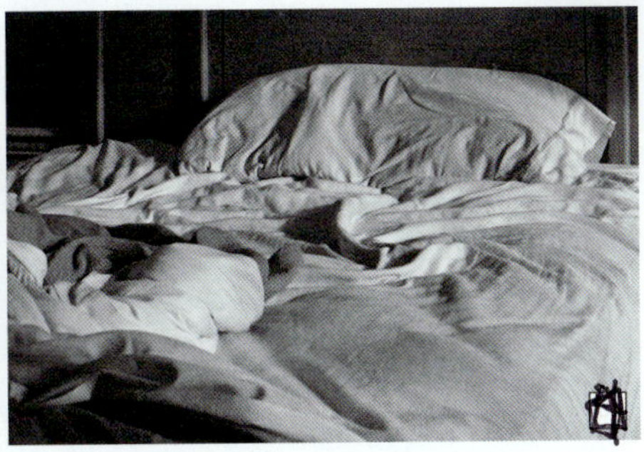

10 Quejas

a Escucha tres quejas y relaciónalas con las fotos. ▶▶ 48 – 50

b Escribe la queja que falta.

11 ¿Cuándo se dice?

Clasifica estas frases según su uso. ¿Puedes añadir una más en cada columna?

Perdón por las molestias. • Ahora llamo al personal de servicio. • ¡Cuánto lo siento! • Con este ruido no se puede descansar. • Enseguida mando al técnico. • La habitación no está limpia. • Le puedo ofrecer otra habitación más tranquila. • El aire acondicionado no funciona. • Le pido disculpas.

presentar un problema	disculparse	ofrecer una solución

12 Frases y reacciones

Relaciona las frases con las reacciones correspondientes.

1. ¿Está incluido el desayuno?
2. ¿A nombre de quién hago la reserva?
3. Quería hacer una reserva para el lunes.
4. Disculpe, el ascensor no funciona.
5. ¿Cuánto cuesta una habitación doble?
6. ¿A qué hora es el desayuno?
7. ¿Puedo pagar con tarjeta?

a. De siete a nueve y media en la cafetería.
b. 125 € la noche.
c. Sí, aceptamos de todo tipo.
d. Perdón. Ahora lo ayudo con las maletas.
e. No, cuesta 12 € por persona.
f. De Antonio Fernández.
g. Lo siento, no hay habitaciones libres.

El cliente siempre tiene la razón

13 El perfecto

a Completa la tabla con las formas que faltan.

	haber	participio	
yo	he		verbos en **-ar**
tú			
él / ella / usted		comido	verbos en **-er**
nosotros/-as			
vosotros/-as	habéis		verbos en **-ir**
ellos / ellas / ustedes			

b Ahora completa con los infinitivos y los participios irregulares.

infinitivo	participio	infinitivo	participio	infinitivo	participio
hacer		volver		ir	
	dicho		escrito		sido
abrir		ver		poner	

14 ¿Quién ha hecho…?

Completa las preguntas con el perfecto y escribe nombres de personas famosas que han hecho estas cosas. ¿Cuántas personas puedes escribir en dos minutos?

¿Quién…		nombres
ha jugado	(jugar) en el Real Madrid?	
	(escribir) libros famosos en español?	
	(vivir) en Londres?	
	(participar) en los Juegos Olímpicos?	
	(ser) James Bond en el cine?	

15 ¿Cuántas veces?

a Marca en esta tabla cuántas veces has hecho estas actividades.

	muchas veces	dos o tres veces	una vez	nunca
1. organizar una comida de empresa	☐	☒	☐	☐
2. asistir a un congreso en el extranjero	☐	☐	☐	☐
3. visitar en casa a un/a colega	☐	☐	☐	☐
4. reservar un viaje por Internet	☐	☐	☐	☐
5. escribir tu opinión en un blog	☐	☐	☐	☐
6. contestar el teléfono de tu compañero/-a	☐	☐	☐	☐

Recuerda
Nunca he estado en Madrid.
No he estado **nunca** en Madrid.

b Ahora escribe en perfecto las frases correspondientes.

He organizado dos veces una comida de empresa: la de Navidad y para una reunión.

16 Un día con mucho trabajo

Aquí tienes la lista de cosas que Carolina tiene que hacer hoy. Escribe qué ha hecho ya (✓) y qué no ha hecho todavía.

reservar una habitación doble en el Hotel Cascada ✓
escribir los informes para la reunión ✓
enviar la carta de reclamación a la empresa de transportes ✓
pedir un taxi al aeropuerto para el jefe
ver la oferta del restaurante El Mesón para la cena de Navidad ✓
hacer el café para la reunión
llamar a la agencia de viajes ✓
abrir las cartas para el jefe

Carolina ya ha reservado una habitación doble en el hotel Cascada.

17 ¿Qué tal el día?

Completa lo que cuentan estas personas con los verbos en presente o en perfecto.

Hoy *ha sido* (ser) un día malo. Siempre ________ (ir) a la universidad en autobús, pero esta mañana mi amigo Tomás ________ (venir) a buscarme en su coche nuevo y ________ (llegar) tarde a clase por el tráfico. Normalmente me ________ (gustar) la clase de Economía, pero hoy no ________ (entender) nada. Y, además, ¡mañana ________ (tener) un examen!

Hoy ________ (ser) un día divertido. Normalmente, los lunes ________ (salir) de viaje y siempre ________ (ir) al mismo hotel de Barcelona. Hoy ________ (llegar) al hotel y me ________ (ellos, ofrecer) una suite superior por el mismo precio. Después, mi primo Enrique me ________ (llamar) al móvil y me ________ (invitar) a cenar en Can Fabes, un restaurante con dos estrellas Michelín.

18 Series de palabras

¿Qué palabra o expresión no corresponde en cada serie? ¿Por qué?

1. comida • desayuno • molestia • cena • café
2. servicio • trato • limpieza • traigo • personal
3. dicho • comido • gazpacho • hecho • trabajado
4. doble • exterior • tranquila • flexible • con ducha
5. Disculpe. • Está bien. • Perdón. • Lo siento. • Le pido disculpas.
6. ver el fútbol • jugar al tenis • hacer footing • nadar • salir en bicicleta

Al teléfono

19 ¿Quiere dejarle un recado?

a Escucha los diálogos y marca si las personas dejan un recado o no. 51–52

	1	2	3
sí	☐	☐	☒
no	☒	☒	☐

b Escucha los diálogos otra vez y relaciona las frases con las situaciones.

[2] Voy a llamar más tarde.
[3] ¿Puede decirle que ha llamado Jesús Moreno?
[1] Mejor lo intento llamar al móvil.

Correspondencia

20 Cerrar una carta

OJO
Si hemos pedido información, podemos decir que esperamos una respuesta: *En espera de su respuesta…*
Si en la carta se da información, se ofrece más ayuda con frases como: *Quedo a su disposición.*

a Todas estas expresiones se pueden usar para cerrar una carta formal. Unas sirven para pedir una respuesta y otras para ofrecer ayuda. Clasifícalas.

En espera de su respuesta, reciba un saludo. • Si tiene alguna pregunta más, no dude en escribirme. • Estoy a su disposición para cualquier otra pregunta. • Esperamos su respuesta. • Quedo atento a sus preguntas. • Quedo a su disposición para otros temas.

pedir una respuesta	ofrecer ayuda

b Completa la carta con una frase adecuada de las de arriba.

Madrid, 23 de abril de 20…

Estimado señor Balbuena:

Muchas gracias por sus interés en nuestros servicios. Adjunta le envío la información que necesita sobre nuestros hoteles y una oferta para la organización de su reunión de negocios. Podemos ofrecerle un trato excelente y experiencia en la organización de congresos y reuniones profesionales.

____

Cordiales saludos,
Amanda Blanco, Hoteles Costa

Pronunciación

21 La combinación de las palabras

¿Te has fijado que en español las palabras se pronuncian unidas en grupos?
Separa estas frases en palabras y después escucha. ⏩ 53

1. Megustan • loshotelestranquilos.
2. Mishermanosyyo • hemoscomido • connuestrospadres.
3. Enlaoficina • haestadohoy • elnuevojefe.
4. Lasecretariadeljefe • leshaescrito • unacartadereclamación.
5. LaamigadeEnrique • hahabladohoy • conNuria.
6. Meencanta • viajarconmiamigaAntonia.

OJO
Grupos de palabras que se pronuncian juntos:
- artículo + sustantivo: *los amigos*
- preposición + las palabras que siguen: *en mi casa*
- formas compuestas: *hemos comprado*
- pronombres de objeto: *Me gusta. / Lo siento.*

Portfolio

YA SÉ...

> hablar del tiempo libre:
En mi tiempo libre
Los sábados

> expresar acuerdo:
No hago mucho deporte. – Yo
Me gusta jugar al tenis. –

> expresar desacuerdo:
Salgo todos los sábados. –
No me gusta el fútbol. –

> hablar de gustos y preferencias, también de otras personas:
A mí me encanta
No me gusta nada
A mi hermano le interesa

> informarme y reservar un hotel:
Quería reservar
Es para los días
¿Está incluido/-a

> hablar de experiencias:
Hemos estado en y
Nunca he estado

> presentar un problema y reaccionar:
Tenemos un problema
Perdón por Enseguida

Test

Elige la respuesta correcta.

1 ● ¿Para qué fechas?
○ ...
- ☐ a. Del tres al cinco de marzo.
- ☐ b. De tres a cinco de la tarde.
- ☐ c. A las diez.

2 Por las noches ... la televisión.
- ☐ a. hago
- ☐ b. pongo
- ☐ c. vengo

3 ● Me interesa el turismo cultural.
○ ...
- ☐ a. A mí también.
- ☐ b. Yo no.
- ☐ c. A mí tampoco.

4 La secretaria todavía no ... escrito la reclamación.
- ☐ a. hemos
- ☐ b. ha
- ☐ c. estoy

5 En mi tiempo libre ... descansar.
- ☐ a. gusta
- ☐ b. le gusta
- ☐ c. me gusta

6 ¿Está ... el desayuno?
- ☐ a. exterior
- ☐ b. incluido
- ☐ c. individual

7 Quería reservar una habitación...
- ☐ a. doble.
- ☐ b. fácil.
- ☐ c. rápida.

8 ... he estado nunca en Cuba.
- ☐ a. —
- ☐ b. No
- ☐ c. Ya

9 Pablo, ¿qué excursión ... interesa?
- ☐ a. te
- ☐ b. os
- ☐ c. le

10 ● Tengo un problema con la ducha.
○ ...
- ☐ a. Gracias.
- ☐ b. ¿Para cuántas personas?
- ☐ c. Enseguida mando al personal.

11 El hotel dispone ... garaje y piscina.
- ☐ a. por
- ☐ b. de
- ☐ c. sobre

12 A mis compañeros ... encantan los congresos en el extranjero.
- ☐ a. le
- ☐ b. nos
- ☐ c. les

13 ● Yo no juego al tenis.
○ ...
- ☐ a. Yo sí.
- ☐ b. Yo no.
- ☐ c. A mí tampoco.

14 En mi habitación ... toallas.
- ☐ a. incluido
- ☐ b. faltan
- ☐ c. falta

15 Disculpe, la televisión no...
- ☐ a. funciona.
- ☐ b. pone.
- ☐ c. sale.

16 Lo siento, perdón ... las molestias.
- ☐ a. —
- ☐ b. por
- ☐ c. de

17 He estado ... en este hotel.
- ☐ a. nunca
- ☐ b. todavía no
- ☐ c. muchas veces

18 La sala es exterior y hay mucho...
- ☐ a. comida.
- ☐ b. reunión.
- ☐ c. ruido.

En esta Etapa y las siguientes, las tareas corresponden al examen DELE A2.

1 Comprensión lectora

Lee los textos y las frases que siguen. Luego, busca los siete textos que corresponden a las frases.

HOTEL VALPARAÍSO
Oferta para los fines de semana de este mes: un 20 % de descuento y desayuno incluido en el precio de las habitaciones.
A

BIBLIOTECA DE LA ESCUELA DE IDIOMAS
Horario en julio y agosto: de lunes a viernes de 8:00 a 12:00 horas
D

RESTAURANTE LIMA & LIMÓN
En julio y agosto estamos abiertos como siempre en c/ Lagasta, 27. Reservas: www.lima&limon.es
G

AGENCIA DE VIAJES MIRASOL
Especialista en viajes exóticos y de aventura. Precios especiales para grupos.
B

VIAJES ONLINE
Los mejores precios para tus billetes de avión, de tren o de autobús: www.billetesbaratos.com
E

GIMNASIO CASTILLO
Para nuevos clientes, clases de aerobic, lunes, miércoles y viernes de 8 a 9 horas, a partir de 30 € al mes.
H

METRO DE MADRID
Por trabajos de renovación la Línea 1 no funciona. Rutas alternativas en autobús.
C

CAFETERÍA EL CROISSANT
Te esperamos en nuestro nuevo local, a solo 50 m del antiguo, enfrente de los ascensores.
F

TEATRO MORI
Ya no hay entradas para el concierto de "Los elementos" del 24 de septiembre. Programa de conciertos: www.mori.es
I

1. Han cambiado de dirección. ☐
2. Se pueden comprar por Internet. ☐
3. Es más barato de viernes a domingo. ☐
4. Se ofrecen tres veces por semana. ☐
5. No se puede ir por las tardes. ☐
6. La gente tiene que usar otro medio de transporte. ☐
7. No se pueden comprar más. ☐

2 Expresión escrita

Por un cambio de trabajo te has ido a vivir a otra ciudad. Escribe un correo electrónico a un amigo con la información siguiente. Piensa también en el saludo y la despedida.
(Número de palabras: 70 – 80)

- describes la ciudad donde vives ahora
- explicas qué haces en el nuevo trabajo y hablas de la empresa
- explicas cómo son tus compañeros de trabajo

3 Comprensión auditiva

Escucha la conversación dos veces y marca la opción correcta. ⏩ 54

1. El señor hace la reserva para…
   - ☐ a. tres noches.
   - ☐ b. cuatro noches.
   - ☐ c. seis noches.

2. El señor reserva…
   - ☐ a. dos habitaciones individuales.
   - ☐ b. una habitación doble.
   - ☐ c. dos habitaciones dobles.

3. Una habitación doble para una persona…
   - ☐ a. cuesta 50 €.
   - ☐ b. cuesta 10 € más.
   - ☐ c. tiene un 50% de descuento.

4. El señor quiere…
   - ☐ a. enviar por correo los datos.
   - ☐ b. enviar por fax los datos.
   - ☐ c. decir por teléfono los datos.

5. El señor…
   - ☐ a. no ha estado nunca en el hotel.
   - ☐ b. ha estado dos veces en el hotel.
   - ☐ c. conoce bien el hotel.

6. Para llegar al hotel…
   - ☐ a. tiene que ir en taxi.
   - ☐ b. puede tomar el metro.
   - ☐ c. puede ir a pie porque está cerca del aeropuerto.

4 Expresión oral

Tienes que hablar con el examinador sobre tu tiempo libre. Elige uno de los temas de abajo. A la derecha encuentras preguntas para ayudarte a preparar la conversación con el ejemplo del tema de viajes. Para los otros temas puedes guiarte también por ellas.
(Duración: 4 minutos)

PREGUNTAS DE PREPARACIÓN

> ¿Te gusta ir de viaje?
> ¿Qué tipo de viaje prefieres? ¿En grupo, en pareja, solo/-a?
> ¿A la playa, a la montaña, a otra ciudad?
> ¿Qué medios de transporte prefieres? ¿Por qué?
> ¿Vas habitualmente de viaje? ¿Con qué frecuencia?
> ¿Qué hoteles te gustan? ¿Para ti qué es importante tener en un hotel?

El día a día // 7

En una agencia de publicidad

1. Completar palabras: profesiones
2. Completar un anuncio
3. Completar un informe: **saber** / **poder**
4. Comprender: pedir permiso y ayuda
5. Completar frases: la comparación
6. Rellenar y comparar datos
7. Clasificar actividades: **por la mañana / tarde / noche**

Un día de trabajo

8. Completar diálogos: el verbo reflexivo
9. Describir la rutina diaria
10. Formar frases: **antes** / **después de**
11. Completar una agenda y describir un día de trabajo

Un día en la oficina

12. Formular frases: el gerundio
13. Completar mensajes: el gerundio
14. Comprender dónde están las personas y qué están haciendo
15. Relacionar definiciones con palabras
16. Clasificar contrarios: adjetivos
17. Identificar a personas en un dibujo y decir qué están haciendo

Al teléfono

18. Problemas de comprensión

Correspondencia

19. Adjuntar documentos

Pronunciación

20. La pronunciación de la **ñ**

Portfolio

Test

En una agencia de publicidad

1 Algunas profesiones

Completa con las vocales que faltan.

D_PL_M_T_C_	D_R_CT_R	R_P_RT_R_	P_R_ _D_ST_
_NF_RM_T_C_	_B_G_D_	M_D_C_	_CT_R
R_PR_S_NT_NT_	_MPL_ _D_	_NG_N_ _R_	S_CR_T_R_ _

2 Se busca...

Lee el anuncio y completa los perfiles de los puestos con las actividades de la lista. Escribe al menos una actividad más para cada perfil.

negociar • recibir a clientes • coordinar un equipo de comerciales • llevar la contabilidad • analizar periódicos económicos • asistir a congresos • responder a los correos de los clientes • organizar reuniones y viajes

Somos una empresa española especializada en Marketing cultural.
Para nuestras oficinas en Bogotá necesitamos:

DIRECTOR/A DE OFICINA Y AUXILIAR ADMINISTRATIVO/-A

Buscamos personas con experiencia en el trato con clientes en el extranjero.
Actividades que tienen que realizar en su trabajo:

Director/a de oficina	Auxiliar administrativo/-a
______	______
______	______
______	______
______	______

Contactar con info-marquespaña@marquespaña.net

Marquespaña

3 Un informe sobre el candidato

a Completa este informe con las formas de *saber* o *poder*.

El Sr. Castillo es una persona formal, que ______ tratar con gente. No tiene familia y ______ viajar. Ha trabajado en la feria de Santiago y ______ organizar eventos. También ______ varios idiomas. Tiene un perfil adecuado para nuestra oficina de Bogotá porque ______ negociar en diferentes idiomas. ______ empezar a trabajar en septiembre.

b ¿Para qué puesto del anuncio se ha presentado el candidato?

4 Pedir permiso o ayuda

Escucha las preguntas y marca para qué sirven. ▶▶ 55

	1	2	3	4
pedir permiso	[x]	[x]	[ ]	[ ]
pedir ayuda	[ ]	[ ]	[x]	[x]

5 Datos de varias agencias

a Compara los datos de las tres agencias y completa las frases.

	México D.F.	Buenos Aires	Santiago
oficina m²	1.400 m²	1.400 m²	2.000 m²
empleados	24	20	44
jornada	8 horas	7 horas y media	8 horas
proyectos al año	3.500	6.000	5.000

1. La oficina de México es ~~más~~ tan grande ~~que~~ como la oficina de Buenos Aires, pero en ella trabajan más empleados que en Buenos Aires.
2. La oficina de Santiago es la más grande.
3. La agencia de Buenos Aires tiene menos empleados que la agencia de Santiago, pero han hecho más proyectos este año.
4. Los empleados en Santiago trabajan más horas que los empleados en Buenos Aires y ~~tanto~~ tanto como los empleados en México.

b Escribe dos frases más comparando los datos de las agencias.

6 Yo, como tú

Rellena la ficha con tus datos y compara con los de este estudiante.

	Héctor	yo
edad:	22 años	
lenguas:	francés e inglés	
horas de trabajo / clase:	4 al día	
horas de estudio:	6 al día	
años de experiencia:	1 año	
salario:	400 € al mes	
duerme:	6 horas	

Recuerda
Para hablar de la edad:
mayor que
menor que

Héctor es menor / mayor que yo…

Un día de trabajo

7 ¿Cuándo haces tú las siguientes actividades?

Completa la lista y clasifica las actividades.

ir a casa • hacer deporte • acostarse • estudiar español • ir a comprar • llegar al trabajo • levantarse • trabajar • comer • chatear con amigos • ducharse • …

por la mañana	por la tarde	por la noche

8 Preguntas y respuestas

Escribe la forma correcta del verbo reflexivo.

1. • Y tú, ¿a qué hora ______ (levantarse)?
   ○ Yo normalmente ______ (levantarse) tarde, a las 9 o 9:30. Luego, ______ (ducharse) y leo el periódico.
2. • No sé por qué ______ (tú, quejarse) tanto. El hotel está muy bien.
   ○ No ______ (quejarse), pero con este ruido no puedo ______ (relajarse).
3. • Sr. López, ¿a qué hora ______ (reunirse, nosotros) con los clientes? Es que yo hoy no puedo ______ (quedarse) mucho tiempo.
   ○ Lo siento, yo no estoy. Juan y tú tenéis que ______ (quedarse).
4. • Ana, ¿(usted, quejarse) ______ porque no tiene tiempo para la familia?
   ○ Sí. Muchas veces las niñas ______ (acostarse) y yo no estoy en casa.

Recuerda
Quiero levantar**me**.
Me quiero levantar.

9 La rutina de Milena

Escribe qué hace Milena un día normal.

8:00	levantarse
8:15	ducharse
8:45	tomar el autobús
9:00	llegar al trabajo
9:30	leer los correos electrónicos
10:30	reunirse con el equipo
14:00	salir a comer
16:00 - 19:00	visitar a clientes
19:30 - 20:30	hacer deporte
22:00	cenar
23:00 - 24:00	chatear con amigos
24:00	acostarse

1. A las ocho se levanta.
2. ______
3. ______
4. ______
5. ______
6. ______
7. ______
8. ______
9. ______
10. ______
11. ______
12. ______

10 Tu rutina

Forma frases sobre tu rutina combinando las expresiones de las columnas.

Antes Después	de del de la	desayuno desayunar ir al trabajo / a la universidad comida comer volver a casa cena cenar	ducharse. tomar un café. saludar a los compañeros. jugar al ordenador. reunirse con el equipo. visitar a clientes. hacer deporte. hablar con amigos. ver la televisión. acostarse. estudiar. …

11 La agenda de la directora

a Escucha y apunta los datos que faltan en la agenda de Almudena Comán. 56

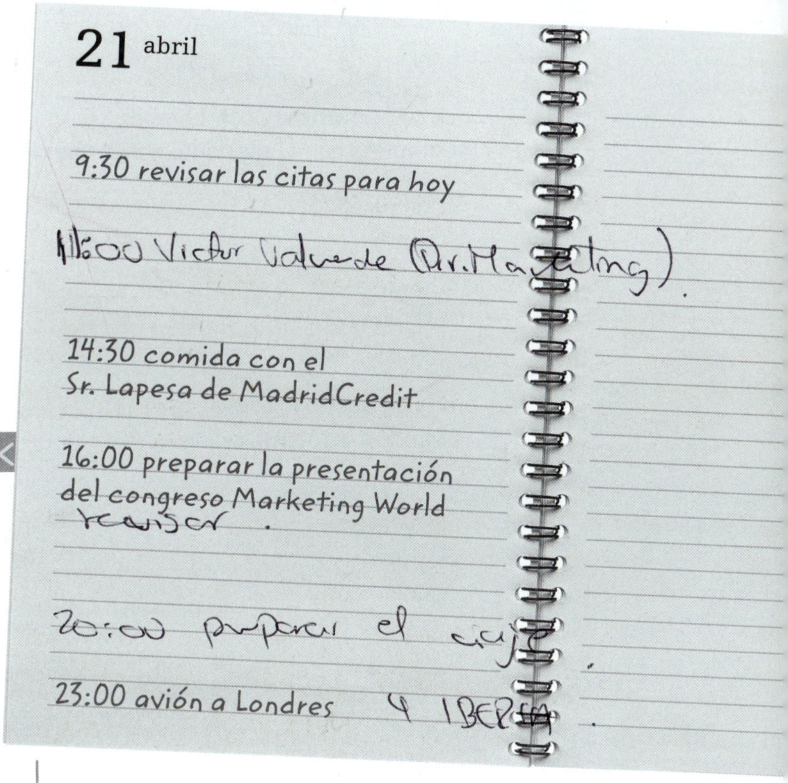

b Lee el correo de Almudena Comán. ¿Qué no ha podido hacer hoy?

Conchi, buenos días:

Ya estoy en Londres. Hoy he tenido un día fatal. Son las 3:00 y me acuesto ahora mismo.
Por favor, mañana:
- ¿Me puedes reservar una mesa en Combarro? El jueves, para 4 personas. Lapesa no ha podido venir hoy.
- ¿Tengo tiempo el miércoles por la mañana para Víctor Valverde? Al final no ha podido venir a la reunión.

Gracias por todo.

Saludos,
Almudena

c Describe el día completo de Almudena Comán.

Por la mañana, ha revisado sus citas con la secretaria…

Recuerda
por la mañana
por la tarde
por la noche
a las tres
entre las… y las…

Un día en la oficina

12 ¿Qué están haciendo?

Mira las fotos de arriba y escribe qué están haciendo las personas.

1. ____________________
2. ____________________
3. ____________________
4. ____________________
5. ____________________
6. ____________________

13 Gerundios con cambio

Completa con el gerundio estos mensajes.

Qué día. 13.10

Dónde estás. Te estoy ________________ (llamar) pero no contestas. 13.11

No vienes hoy? Estoy ________________ (leer) tu informe y no entiendo NADA!!! Dónde estás. 13.12

El jefe está ________________ (decir) que necesita los datos y está ________________ (pedir) los gráficos!!!!!!! 13.14

Estás ________________ (dormir)??!!!!! ☹ 13.16

14 ¿Dónde están?

a Escucha los diálogos y marca dónde están las personas. ▶▶ 57 – 58

1.
- ☐ en la calle
- ☐ en la oficina

2.
- ☐ en un bar
- ☐ en una reunión

3.
- ☐ en su casa
- ☐ en el mercado

b Escucha otra vez y escribe qué están haciendo.

1. Miguel llamando a cliente Londres.
2. Carmen está comiendo en un bar
3. Juan está comprando fruta

15 Definiciones
Relaciona cada definición con la palabra correcta.

1. Es una carta que se manda por ordenador.
2. Son personas que trabajan en la misma empresa.
3. Es un grupo de personas que trabajan en un proyecto.
4. Es una cosa para hablar con gente que está lejos.
5. Es una persona que recibe a los clientes en el hotel.
6. Es un servicio que prepara y lleva comida a eventos.

a. el / la recepcionista
b. el catering
c. el teléfono
d. los compañeros
e. un correo electrónico
f. un equipo

OJO
Si no sabes una palabra, puedes usar una definición:
¿Cómo se llama esa cosa que se usa para… / la persona que…?

16 Contrarios
Escribe el contrario de cada palabra en la columna correspondiente.

joven • lejos de • a la izquierda de • detrás de • morena • antipática

La persona es…
rubia ↔ morena
simpática ↔ ____________
mayor ↔ ____________

La persona está…
delante de María ↔ ____________
a la derecha de Pedro ↔ ____________
cerca de Ana ↔ ____________

17 Una fiesta familiar
a Lee el texto e identifica a las personas del dibujo.

[4] Clara
[ ] Noelia
[ ] Carolina
[ ] Alberto
[ ] Julia
[ ] Milena
[ ] Raúl

Clara celebra hoy su 40 cumpleaños con sus dos hijas: Noelia, de 6 años y Carolina, de 15. El señor mayor es su padre, Alberto, que ha venido con su nueva esposa, Julia, tan elegante como siempre. También está su mejor amiga del colegio, Milena. No ha invitado a su jefe, Raúl, pero ha venido, como siempre con su teléfono para trabajar.

b Completa con *estar* + gerundio y relaciona con las personas del dibujo.

¿Quién…
____________ (hablar) por teléfono? [ ]
____________ (escribir) un mensaje? [ ]
____________ (escuchar) música? [ ]
____________ (dormir)? [ ]
____________ (comer)? [ ]
____________ (dar) un regalo? [ ]

Al teléfono

18 Expresar que no se entiende o no se oye.

a Escucha y marca qué ocurre en cada situación. 59 – 61

- [2] Hay problemas en la línea.
- [3] La persona habla muy rápido.
- [1] Hay mucho ruido en la sala y no se oye.

b Escucha los diálogos otra vez y relaciona las frases con las situaciones.

- [1] Perdone, no le puedo oír. ¿Puede hablar más alto, por favor?
- [2] Disculpe, hay problemas en la línea. Cuelgo y vuelvo a llamar.
- [3] Perdone, ¿puede hablar más despacio, por favor? ¿Me ha dicho...?

Correspondencia

OJO
Para indicar que envías documentos con la carta o el correo se usa:
Adjunto *le envío* ***el informe****.*
Adjunta *le envío* ***la presentación****.*
Le adjunto *la presentación y el informe.*

19 Adjuntar documentos

a Relaciona las expresiones que significan lo mismo.

1. Le adjunto el nuevo catálogo.
2. Le adjunto los informes.
3. Le adjunto la información y la carta.

a. Adjuntos le envío los informes.
b. Adjuntas le envío la información y la carta.
c. Adjunto le envío el nuevo catálogo.

b Elige las expresiones adecuadas para completar este correo.

Asunto: nuestra página web

Estimado Sr. Méndez:

Nos ponemos en contacto con usted con motivo de la nueva página web de nuestra empresa.

________________ le envío la información sobre nuestros empleados, una presentación de nuestros productos y las fotos de nuestras oficinas en Bogotá.

No puedo mandar todavía la foto y el saludo que nuestro director quiere enviar a nuestros clientes en la web. ________________ este archivo mañana en otro correo. ¿Necesitan algo más?

Un cordial saludo,

Isabel Mendoza
Marquespaña S.A.

Pronunciación

20 La pronunciación de la *ñ*

a Escucha y marca la palabra que oyes. 62

1. ☐ campaña
   ☐ campana
2. ☐ Bolonia
   ☐ Bolaño
3. ☐ Alemania
   ☐ alimaña
4. ☐ Colonia
   ☐ calaña
5. ☐ senior
   ☐ señor
6. ☐ mi niña
   ☐ Menina

b Escucha estos trabalenguas y repite. 63

1. Niña ñoña, niño ñoño.
2. Ñor, ñora: señor y señora.

Portfolio

YA SÉ...

> hablar de habilidades profesionales:
Sé ________________

> comparar algo:
Trabajo ________ *como mi compañero.*
Tengo ________ *que* ________
El tren es más ________________

> describir la rutina diaria:
Todos los días ________________
Los lunes ________________

> situar algo en el tiempo:
Antes del ________________
Después de ________________
Por la tarde ________________

> describir lo que está pasando:
Clara está ________________

> pedir ayuda:
¿Me puedes ayudar con ________________

> pedir permiso:
¿Puedo ________________

> identificar:
La directora es la señora que ________________

Test

Elige la respuesta correcta.

1 • ¿Me puedes ayudar?
○ …
- ☐ a. Sí, podemos.
- ☐ b. Sí, un momento.
- ☐ c. No puedes.

2 Son los informes que…
- ☐ a. estoy analizando.
- ☐ b. estoy analizándolos.
- ☐ c. los analizo mañana.

3 El restaurante abre…
- ☐ a. todos los domingos.
- ☐ b. las diez de la mañana.
- ☐ c. para el fin de semana.

4 Perdona, ¿… cerrar la ventana?
- ☐ a. puedo
- ☐ b. sabemos
- ☐ c. pueden

5 Quiero … con mi familia.
- ☐ a. levantarnos
- ☐ b. levantar
- ☐ c. levantarme

6 Ella trabaja … horas como él.
- ☐ a. tanto
- ☐ b. tan
- ☐ c. tantas

7 Él estudia … como yo.
- ☐ a. más
- ☐ b. menos
- ☐ c. tanto

8 Carlos viaja … que ella.
- ☐ a. más
- ☐ b. como
- ☐ c. tanto

9 … levanto temprano.
- ☐ a. Se
- ☐ b. Me
- ☐ c. —

10 • ¿Sabe escribir cartas en español?
○ …
- ☐ a. Sí, puedo.
- ☐ b. Sí, lo sabemos.
- ☐ c. Sí, claro que sé.

11 Mi madre es la señora que…
- ☐ a. estoy hablando.
- ☐ b. están hablando.
- ☐ c. está hablando.

12 … del grupo es Natalia.
- ☐ a. Lo más deportista
- ☐ b. La más deportista
- ☐ c. El más deportista

13 Me acuesto después de…
- ☐ a. cenar.
- ☐ b. cena.
- ☐ c. ceno.

14 Antes del … me ducho.
- ☐ a. desayuna
- ☐ b. desayuno
- ☐ c. desayunado

15 Como entre la una y … dos.
- ☐ a. la
- ☐ b. las
- ☐ c. a las

16 ¿Están … los datos?
- ☐ a. analizadas
- ☐ b. analizando
- ☐ c. analiza

17 Eva gana … de 2000 €.
- ☐ a. menos
- ☐ b. y más
- ☐ c. nada

18 Luis es … joven como ella.
- ☐ a. tanto
- ☐ b. tan
- ☐ c. tanta

Mi agenda // 8

¿Cómo quedamos?

1. Clasificar vocabulario: encuentros
2. Formular planes
3. Corregir datos de una agenda
4. Aceptar o rechazar propuestas
5. Elegir la preposición correcta
6. Escribir una invitación

¿Qué me pongo?

7. Clasificar vocabulario: la ropa
8. Relacionar diálogos con dibujos: demostrativos
9. Comprender de qué ropa se habla
10. Repasar vocabulario: adjetivos
11. Completar un diálogo: adjetivos
12. Escribir frases: mi ropa
13. Formular consejos

¡Qué calor hace!

14. Combinar verbos con sustantivos
15. Formular excusas
16. Escribir sobre el tiempo
17. Leer un pronóstico del tiempo
18. Comprender mensajes
19. Formular exclamaciones

Al teléfono

20. Confirmar o cancelar una cita

Correspondencia

21. Una invitación de empresa

Pronunciación

22. La entonación de las frases

Portfolio

Test

¿Cómo quedamos?

1 Encuentros

a Clasifica las palabras de la lista en encuentros privados o profesionales.

entrevista • cumpleaños • fiesta • visita • reunión de trabajo • cita con amigos • congreso • feria • presentación

encuentro privado	encuentro profesional

b Define ahora tres encuentros según sus objetivos como en el modelo.

1. *Una cita es un encuentro con uno o más amigos para hacer algo juntos.*
2.
3.
4.

2 Agendas y planes

a Mira la agenda de María y escribe qué planes tiene para el jueves por la tarde.

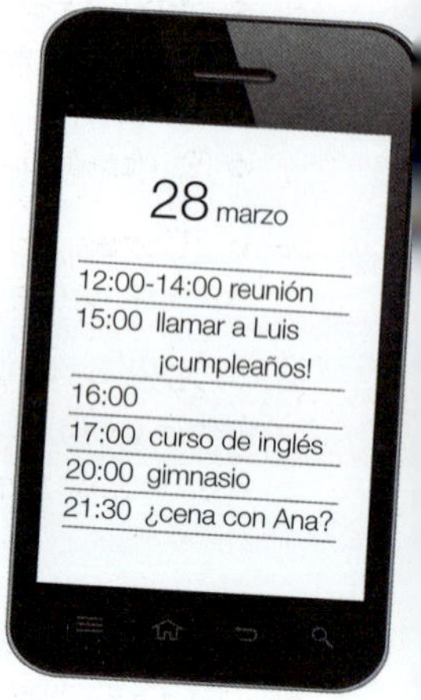

De doce a dos, María va a participar en una reunión y a las tres quiere…

b Escribe ahora tus planes combinando las expresiones de las columnas.

Esta semana Este año Hoy El próximo fin de semana Esta tarde …	querer pensar ir a	ver un partido de fútbol. hacer un curso de… aprender a… viajar a… …

3 Cambios en la agenda

Julio Robles tiene que hacer algunos cambios en su agenda. Escucha y corrige. 64

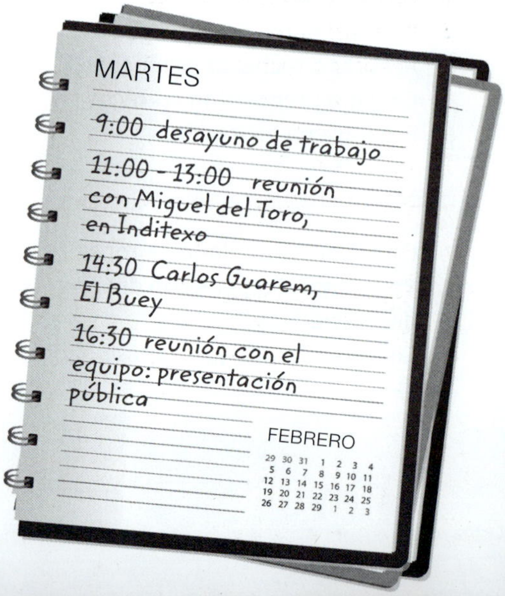

4 Aceptar o rechazar una propuesta

Reacciona a estas propuestas según las indicaciones.

1. • ¿Por qué no tomamos un café y hablamos del tema?
   ○ ____________________
   (rechazas, tienes ya algo)

2. • ¿Qué le parece si quedamos el lunes con el cliente?
   ○ ____________________
   (rechazas, pero propones otro momento)

3. • Tenemos que revisar la presentación. ¿Cuándo puedes?
   ○ ____________________
   (aceptas y propones día y hora)

4. • ¿Quedamos mañana en el centro?
   ○ ____________________
   (aceptas y propones lugar)

OJO
Cuando rechazas una propuesta, es más cortés dar una excusa:
Lo siento, pero no puedo. Es que…
Justo ese día no puedo.

5 Citas

¿Con o sin preposición? Elige la opción correcta.

1. • Señora Pérez, ¿qué le parece mañana a / en las doce?
   ○ Lo siento, pero de / a doce de / a dos tenemos otra reunión.
   • Entonces, ¿puede en / — el lunes?
   ○ Sí, quedamos en / a mi oficina de / a las cuatro.

2. • ¿Tienes ganas de / a ir el jueves a cenar?
   ○ ¡Qué pena! Justo en / — el jueves no puedo.

3. • ¿Qué tal si voy a / de recogerte a la estación en / a las diez?
   ○ No, gracias, es que no voy con / en tren. Quiero ir con / en coche.
   • Entonces vamos a / de tomar un café antes de / a empezar.

6 Citas con amigos

a ¿Con qué frecuencia quedas con alguien para hacer estas actividades?

1. cenar en un restaurante
2. ir al cine
3. ver un partido de fútbol
4. visitar un museo
5. salir con amigos
6. hacer deporte

la frecuencia
todos los días
muchas veces
pocas veces
una vez a la semana
(casi) nunca

b Quieres quedar con un/a compañero/-a. Escríbele un correo electrónico con una o dos propuestas, la fecha y el lugar.

- qué
- cuándo (día y hora)
- dónde

Hola…:
¿Tienes ganas…
Podemos quedar…

¿Qué me pongo?

7 La ropa

Escribe estas palabras en la columna correspondiente. ¿Puedes añadir alguna más?

a rayas • pantalones • a cuadros • cuero • camisa • seda • gafas • vestido • camiseta • reloj • zapatos • blusa • blanco • traje • jersey • corbata • lana • bolso • de lunares • botas

ropa	material	cómo es	accesorios
		a rayas	

8 ¿Estos zapatos o esas botas?

Relaciona los diálogos con los dibujos.

☐ 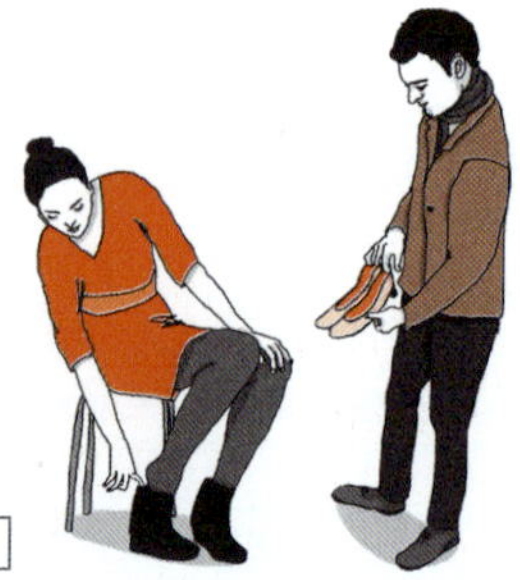

☐ 

☐ 

1.
- Estas botas son muy extravagantes, pero preciosas.
- ○ Yo prefiero aquellos zapatos.

2.
- ¿Cuánto cuestan esas botas?
- ○ Estas son muy caras… ¿Y esos zapatos?
- Estos son bastante baratos, pero malos.

3.
- Me encantan estas botas negras.
- ○ Sí, son muy bonitas, pero para el trabajo mejor estos zapatos, ¿no crees?

9 ¿Qué es?

Escucha y marca de qué hablan. ▶▶ 65

1. ☐ unos pantalones
   ☐ una falda

2. ☐ unas botas
   ☐ un traje

3. ☐ una corbata
   ☐ un reloj

10 ¿Cómo es?

Completa el siguiente mapa asociativo con adjetivos para describir la ropa.

11 En una tienda de ropa

Completa con la terminación correcta.

- ● Hola, buen___ tardes. ¿Puedo ayudarles en algo?
- ○ Sí. Estamos buscando un traje gris___ y una camisa.
- ● Tienen que ir a la primer___ planta.
- ■ Gracias. Mira, Carlos, ¡qué ropa tan bonit___ tienen en est___ tienda! Necesito una falda negr___ o azul___ para la presentación de mañana.
- ○ Aquí tienen much___.
- ■ Sí. La quiero para la blusa de flores ros___. Pero primero buscamos el traje.
- ○ Aquí, mira. ¿Te gusta est___?
- ■ Es de tu estilo. Es un traje seri___, conservador___.
- ○ Formal___ y elegante___.
- ■ Sí, sí. ¿Cómo quieres la camisa? ¿Blanc___?
- ○ Blanc___ no. Ya tengo much___. Mejor azul___ a rayas…
- ■ ¿Qué te parece es___ ros___ con una corbata gris___?
- ○ No sé, no sé…

12 Mi ropa

a Completa las columnas y escribe qué ropa tienes.

un/a algunos/-as muchos/-as pocos/-as tres	traje falda corbata bolso pantalones …	gris azul amarillo …	de lunares de lana …

Tengo dos pantalones grises de lana, muchas camisas blancas…

b ¿Qué te pones en estas situaciones?

1. una presentación de un proyecto: ____________________
2. una entrevista para tu trabajo ideal: ____________________
3. el primer día en tu (futuro) trabajo: ____________________
4. la fiesta de cumpleaños de un/a amigo/-a: ____________________

13 Dar consejos

Formula consejos para la vida laboral.

Es importante Es necesario Es mejor (No) Conviene (No) Es recomendable	llegar tarde a la oficina. ponerse ropa informal. preguntar si no sabes algo. aprender los nombres de tus colegas. ir a todas las reuniones. hablar con moderación. mandar correos privados. ser amable con los compañeros. trabajar rápido.

¡Qué calor hace!

14 Imprevistos en días importantes

a Clasifica las expresiones en las columnas. Hay varias posibilidades.

el tren • una cita • la dirección del cliente • el teléfono • la agenda • el despertador • el coche en el aparcamiento • las llaves en la oficina • el avión • un taxi • la calle

no oír	no encontrar	perder	olvidar

b Haz esta encuesta y comenta los resultados como en el modelo.

	yo	Sonia	Carlos
1. perder la dirección de un cliente		dos veces	nunca
2. olvidar una reunión		nunca	una vez
3. no contestar un correo importante		muchas veces	casi nunca
4. llegar tarde a un avión		nunca	nunca
5. olvidar la agenda		una vez	muchas veces
6. no oír el despertador		todos los días	dos veces

Carlos no ha perdido nunca la dirección de un cliente, pero Sonia dos veces.

15 Excusas

¿Qué excusa das en estas situaciones?

1. No has contestado un correo importante.
2. Estás en el coche y no llegas a la oficina del cliente.
3. No has terminado un informe para la reunión.
4. No puedes asistir a una cena de trabajo.

1. Lo siento, es que no tengo wifi en el hotel. / Tengo problemas con...

16 ¿Qué tiempo hace?

a Escribe qué tiempo hace al lado de cada símbolo.

 ______________  ______________

 ______________  ______________

 ______________  ______________

b ¿Qué tiempo hace en tu ciudad en abril, julio y diciembre?

17 El tiempo en Barcelona

Lee y marca las afirmaciones correctas.

- ☐ Hay niebla por la mañana.
- ☐ Llueve por la mañana en el norte.
- ☐ Nieva en la montaña.
- ☐ Hay mucho viento en el sur.

ELTIEMPO.NET

El tiempo en Barcelona
lunes, 20 de enero, de 0 a 24 horas

Nubes con posibilidad de algunas lluvias en el norte.
Nieve a 900 m. A partir del mediodía, poco nuboso.
Nieblas por la mañana.
Temperaturas sin cambios o subiendo las mínimas.
En el norte, viento del sur.

OJO
Las palabras que ya conoces te ayudan a entender otras de la misma familia:
nevar > la nieve

18 Problemas

a Escucha estos diálogos y relaciónalos con las fotos. 66 – 68

☐

☐

☐

b Escucha otra vez y corrige los mensajes que han mandado las personas.

Avión con problemas técnicos. Llamamos más tarde con más información.	Mucha nieve, pero llegamos a la reunión.	He perdido el tren. Llego un poco más tarde. Podéis empezar.

19 Exclamaciones

a Relaciona cada situación con la reacción correspondiente.

1. Está lloviendo mucho.
2. Alguien ha rechazado una oferta de trabajo.
3. Un colega ha tenido una buena idea.
4. El proyecto de tu compañero no ha gustado.

a. ¡Cuánto lo siento!
b. ¡Qué buena idea has tenido!
c. ¡Cómo llueve! / ¡Cuánto llueve!
d. ¡Cómo has hecho eso!

b ¿Cómo reaccionas en estas situaciones? Escribe frases como en la actividad anterior.

1. Nieva mucho. ....
2. La ciudad te gusta mucho. ....
3. Hay mucho tráfico en la carretera. ....
4. Las nuevas oficinas son muy grandes. ....

Al teléfono

20 Confirmar o cancelar una cita

a Escucha los diálogos y marca si las personas confirman o cancelan la cita. 69 – 71

	1	2	3
confirmar	☐	☐	☐
cancelar	☐	☐	☐

b Escucha los diálogos otra vez y relaciona las frases con las situaciones.

☐ Lo siento, pero tengo que cancelar la cita del jueves. Ha surgido un imprevisto.
☐ Te llamo porque mañana no puedo asistir a la reunión.
☐ Le llamo para confirmar nuestra cita de mañana.

Correspondencia

21 Una invitación de empresa

a Clasifica las expresiones que se pueden usar para comenzar o cerrar una invitación.

Nos ponemos en contacto con usted para… • Nos complace invitarles a… • En espera de sus noticias, reciba un saludo. • Se ruega confirmar el número de asistentes. • Tengo el placer de invitarles a…

comenzar una invitación	cerrar una invitación

b Completa ahora la invitación con las frases más adecuadas.

OJO
En invitaciones de empresa se usa normalmente el plural: *Tenemos el placer de…*
Se termina pidiendo confirmación. También se pueden usar las siglas: *S. R. C.*

Sevilla, 14 de junio de 20…

Estimados socios:

____________________ la inauguración de nuestras nuevas oficinas en la calle Serrano, 50 el próximo 1 de marzo a las 20:00 horas.

Hemos organizado un variado programa que seguro les va a gustar.

____

Cordiales saludos,

Javier Zabala
Director General

Pronunciación

22 La entonación de las frases

a Escucha y fíjate en la entonación de estas tres frases. 72

1. El señor López viene. .
2. ¿El señor López viene? ¿ ?
3. ¡El señor López viene! ¡ !

OJO
En español, puedes diferenciar una pregunta por la entonación si la escuchas o por los signos de interrogación al principio y al final si la lees.

b Escucha estas frases y coloca un punto (.), exclamaciones (¡!) o interrogaciones (¿?) según la entonación. 73

1. Está lloviendo
2. Ana está en la oficina
3. Quedamos mañana
4. El desayuno es hoy
5. Es una cita muy importante
6. He perdido el autobús

Portfolio

YA SÉ...

> hablar de planes:
Voy a
Pensamos / Los jefes quieren

> aconsejar:
A usted le conviene
Es recomendable / necesario

> proponer una actividad:
¿Por qué no
¿Cuándo / Dónde

> aceptar una propuesta:
De ¡Con

> rechazar una propuesta:
Lo siento, es que Mejor

> hablar de la ropa, colores y estilos:
un abrigo azul, dos blusas clásicas

> señalar algo que está cerca o lejos:
este , esta camisa,
ese , esa
aquel , aquella

> expresar sorpresa, emoción:
¡Qué
¡Cómo

Test

Elige la respuesta correcta.

1 • ¿Mañana ... estar en la oficina?
○ Sí, ¿por qué?
- [ ] a. voy
- [ ] b. voy a
- [ ] c. vas a

2 Señor Robles, ...
- [ ] a. ¿qué te parece mañana?
- [ ] b. ¿qué me parece mañana?
- [ ] c. ¿qué le parece mañana?

3 Perdona, ¿... qué hora quedamos?
- [ ] a. después de
- [ ] b. a
- [ ] c. —

4 • ¿Quieres ir al cine el martes?
○ Lo siento, ...
- [ ] a. es que ese día puedo.
- [ ] b. justo ese día no puedo.
- [ ] c. justo ese día puede.

5 ¿Tienes ganas ... al cine?
- [ ] a. de ir
- [ ] b. ir juntos
- [ ] c. vamos

6 Necesito un traje...
- [ ] a. sin lunares.
- [ ] b. a rayas.
- [ ] c. de sol.

7 Quiero unas botas...
- [ ] a. rojos.
- [ ] b. de lana.
- [ ] c. azules.

8 Esos pantalones ... son muy formales.
- [ ] a. amarillo
- [ ] b. verde
- [ ] c. de lana

9 ¿Qué ... pongo para la feria?
- [ ] a. se
- [ ] b. me
- [ ] c. —

10 • ¿Puedes mañana ... 8 ... 9?
○ Sí, a esa hora puedo.
- [ ] a. de ... en
- [ ] b. después de ... antes de
- [ ] c. de ... a

11 No es ... llevar ropa extravagante.
- [ ] a. recomendable
- [ ] b. regular
- [ ] c. convencional

12 ... vestido rojo es perfecto.
- [ ] a. Aquella
- [ ] b. Esta
- [ ] c. Este

13 ¡Qué...
- [ ] a. cómodo este hotel!
- [ ] b. me gusta este hotel!
- [ ] c. mayor este hotel!

14 Sr. Gil, ... conviene salir pronto.
- [ ] a. se
- [ ] b. le
- [ ] c. es

15 ¡... nieva!
- [ ] a. Cómo
- [ ] b. Qué
- [ ] c. Cuándo

16 Hay mucha ... en la autopista.
- [ ] a. sol
- [ ] b. atasco
- [ ] c. niebla

17 • ¿Cuándo nos vemos?
○ ...
- [ ] a. En la oficina.
- [ ] b. El día 15.
- [ ] c. Muchas veces.

18 Siento ... tarde.
- [ ] a. llegar
- [ ] b. estar
- [ ] c. ser

En esta Etapa, las tareas corresponden al examen DELE A2.

1 Comprensión lectora

Lee los siguientes anuncios. Luego, marca la opción correcta.

Agencia de viajes

La nueva agencia Viajes con Encanto ha abierto sus puertas este lunes, 16 de enero. Organizamos todo tipo de viajes: de negocios, de placer o de aventura. Todos ellos con ese algo especial que nos hace diferentes. Puedes visitarnos de lunes a viernes de 10 a 20 horas y los sábados de 10 a 14 horas. Estamos en c/ Galileo, 37, enfrente del centro comercial Las Olas.

FERIA FITUR 2014

Madrid, del 5 al 8 de noviembre de 2014. Las empresas interesadas en participar en la feria de turismo tienen que reservar un stand. El precio de la reserva es de 400 euros y se tiene que pagar hasta el 1 de septiembre. Para el precio de los distintos stands y otras consultas, la persona de contacto es Isabel Garcés, tel. 91 453 98 63. i.garces@fitur.com

1. La agencia Viajes con Encanto…
   - ☐ a. está en un centro comercial.
   - ☐ b. cierra a las doce.
   - ☐ c. organiza viajes de empresa.

3. Para participar en FITUR es necesario…
   - ☐ a. pagar 400 € por la reserva.
   - ☐ b. llamar a Isabel Garcés.
   - ☐ c. escribir un correo a Isabel Garcés.

PRESENTACIÓN DE LIBRO

Aurelio Montes, el directivo de la empresa Endesa, ha elegido una vez más nuestra ciudad para presentar su último libro "Cómo ser un buen jefe".
Fecha y lugar:
21 de marzo, 19:00, c/ Serrano, 145.
La entrada es gratis, pero es necesario reservar en el teléfono 91 632 34 25 41.

EXPOSICIÓN DE FOTOGRAFÍA

La Fundación Banesto presenta una exposición con la obra de Chema Madoz, artista especialmente conocido por sus fotografías surrealistas en blanco y negro.
Horario: de martes a domingo de 10 a 19 horas. Precio: 10 euros. Menores de 12 años, gratis.

2. En el anuncio dice que…
   - ☐ a. el autor no ha escrito otros libros.
   - ☐ b. no se pueden reservar entradas.
   - ☐ c. el autor ha presentado otro libro en la ciudad.

4. La exposición…
   - ☐ a. es gratis para niños de 13 años.
   - ☐ b. presenta fotos en blanco y negro.
   - ☐ c. abre todos los días.

2 Expresión escrita

Quieres hacer alguna actividad de tiempo libre esta semana. Escribe un correo electrónico a un amigo para invitarlo con la siguiente información. Recuerda el saludo y la despedida. (Número de palabras: 30 – 40)

- la actividad que quieres hacer
- el lugar y la hora

3 Comprensión auditiva

Escucha los cinco mensajes dos veces. Luego, elige la frase que corresponde a cada mensaje. 74 – 76

Mensaje 1 ☐
Mensaje 2 ☐
Mensaje 3 ☐
Mensaje 4 ☐
Mensaje 5 ☐

a. Le proponen salir a tomar algo.
b. Han cancelado la cita.
c. Va a llegar tarde.
d. Ya ha encontrado trabajo.
e. Hoy es posible comprarlo más barato.
f. Tiene que llamar por teléfono.
g. Tienen que usar otro medio de transporte.
h. No pueden viajar en avión.

4 Comprensión lectora

Lee el texto y marca las respuestas correctas.

Estimada Sra. Pérez:

Muchas gracias por su llamada de ayer y por elegir otra vez nuestro hotel para su reunión de negocios. Adjunta le envío la confirmación de su reserva.

Este año tenemos el placer de ofrecer a nuestros clientes servicios nuevos como cóctel de bienvenida y wifi gratis en todo el hotel. Además, podemos ofrecer a su empresa un descuento del 10 % por reservar una estancia de más de tres noches.

Tengo que informarle de que no es posible reservar la sala de reuniones Mediterráneo como el año pasado. Sin embargo, podemos ofrecerles la sala Mallorca, similar a la Mediterráneo. Es una sala muy tranquila para quince personas. El precio es el mismo y el servicio de catering está incluido. Puede ponerse en contacto con nosotros si tiene alguna pregunta o si desea realizar algún cambio.

Atentamente,
Susana Ruiz

1. Susana Ruiz y la señora Pérez…
   - ☐ a. hablaron ayer por teléfono.
   - ☐ b. van a trabajar en el mismo hotel.
   - ☐ c. han tenido una reunión.

2. Susana Ruiz…
   - ☐ a. confirma la reserva.
   - ☐ b. ya ha confirmado la reserva.
   - ☐ c. tiene que llamar a la Sra. Pérez.

3. En el hotel hay un 10 % de descuento…
   - ☐ a. este año.
   - ☐ b. si se reservan más de tres noches.
   - ☐ c. para los nuevos servicios.

4. La señora Pérez…
   - ☐ a. ha reservado la sala Mallorca.
   - ☐ b. quiere reservar dos salas.
   - ☐ c. conoce ya la sala Mediterráneo.

5. La sala Mallorca cuesta…
   - ☐ a. más que la sala Mediterráneo.
   - ☐ b. tanto como la sala Mediterráneo.
   - ☐ c. menos que la sala Mediterráneo.

Momento de cambios // 9

Mi nueva oficina

1. Clasificar vocabulario: el mundo laboral
2. Completar frases: **ser**, **estar**, **tener**
3. Comprender datos sobre una oficina
4. Formular consejos
5. Relacionar un texto con anuncios
6. Informarse sobre una oficina
7. Escribir: mi oficina ideal

Mi nueva vida

8. Combinar verbos y sustantivos
9. Completar frases: la preposición **a**
10. Completar formas: el imperfecto
11. Escribir frases: antes y ahora
12. Completar un texto: el imperfecto
13. Describir la infancia

Nuevas formas de trabajo

14. Repasar vocabulario: el teletrabajo
15. Formular reglas: el teletrabajo
16. Resumir una encuesta: expresiones de cantidad
17. Comprender datos sobre una empresa
18. Relacionar preguntas con respuestas
19. Completar un texto: el imperfecto
20. Formular frases en imperfecto

Al teléfono

21. Comprobar información

Correspondencia

22. Un informe de prácticas

Pronunciación

23. Las frases negativas

Portfolio

Test

Mi nueva oficina

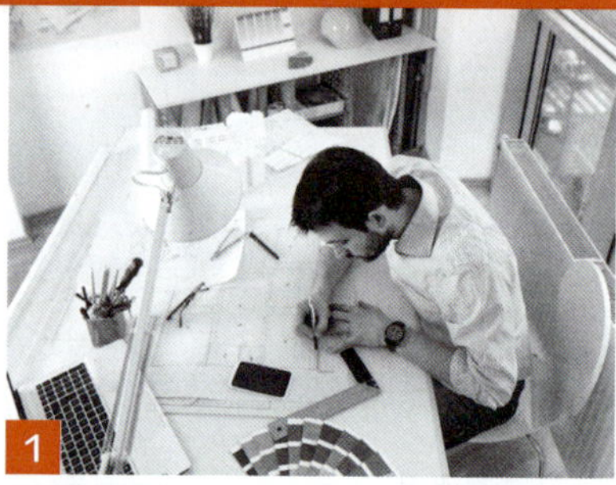
1

2

1 ¿Oficina abierta o despacho individual?

a Mira las fotos y relaciona las palabras y expresiones con los dos tipos de oficina.

- ☐ productividad
- ☐ comunicación
- ☐ flexibilidad de horarios
- ☐ intercambio de ideas
- ☐ trabajo en equipo
- ☐ calidad del trabajo
- ☐ creatividad
- ☐ control
- ☐ estrés
- ☐ ruido

b ¿Qué tipo de oficina prefieres? ¿Por qué?

Yo prefiero trabajar en... Hay menos... y se puede...

2 Descripción de una oficina

Completa las frases con *ser*, *estar* y *hay*. Luego, marca las frases falsas y corrígelas.

- ☐ La oficina no ________ en el primer piso.
- ☐ No ________ amueblada.
- ☐ ________ una recepción muy amplia.
- ☐ ________ cuatro despachos.
- ☐ Todos los despachos ________ exteriores.
- ☐ ________ tres servicios en la planta.
- ☐ A la derecha de la recepción ________ un despacho individual.
- ☐ La sala de reuniones ________ delante de la recepción.

3 Datos sobre una oficina

Escucha y completa los datos. ▶▶ 77

Ubicación: *c/ Duero, 100,* ________ *planta*

Nº de habitaciones: ________ Estado: ________

Precio del alquiler: ________

Fianza: ________

4 Consejos para encontrar un alquiler barato

Forma frases combinando las expresiones de las columnas.

Hay que	preguntar	precios.
Es aconsejable	comparar	varias ofertas.
Es mejor	buscar	en páginas de alquiler en Internet.
		en varias agencias inmobiliarias.
		por los gastos de comunidad y fianza.

5 Buscar una oficina

Lee el texto de unos empresarios y elige la mejor oficina para su empresa.

“Somos dos diseñadores gráficos. En nuestro trabajo es muy importante intercambiar ideas, trabajar en equipo. Estamos muchas horas en la oficina, no salimos para comer y queremos estar en el centro. Normalmente vamos a visitar a los clientes. Máximo: 1200 €/mes”

1	2	3
Precio m² 17 €, 120 m². Oficina en zona centro, muy bien comunicada. Dos despachos y amplia recepción. Un servicio. Garaje.	Precio m² 10 €, 110 m². Oficina en centro comercial, muy cerca del centro y bien comunicada. Recepción, un gran despacho, cocina y servicio. Muy luminosa.	Precio m² 7 €,60 m². Oficina reformada en primera planta. 1 habitación amplia (40 m²), cocina y servicio. Exterior. Cerca de la estación de Delicias (20 minutos del centro).

6 Preguntas sobre la oficina

Completa esta llamada telefónica a una agencia inmobiliaria.

ayudarle • gastos de comunidad • verla • piso • fianza • alquiler • equipada • habitaciones

- ● Agencia Inmobiliaria Ideal. ¿En qué puedo ________________?
- ○ Buenos días, quería información sobre la oficina en la calle Goya. ¿En qué ____________ está?
- ● En la primera planta. Es un edificio bonito.
- ○ El alquiler es un poco caro. ¿Tiene ____________________ incluidos?
- ● Sí, están incluidos en el precio.
- ○ ¿Hay que pagar ________________?
- ● Solo un mes de ________________.
- ○ ¿Cuántas ________________ tiene?
- ● Tiene dos habitaciones, una cocina ________________ y un servicio.
- ○ Me interesa. ¿Cuándo puedo ________________?
- ● Esta misma tarde, a partir de las seis.
- ○ Entonces, hasta las seis. Adiós.

7 La oficina

a Completa este mapa asociativo sobre la oficina.

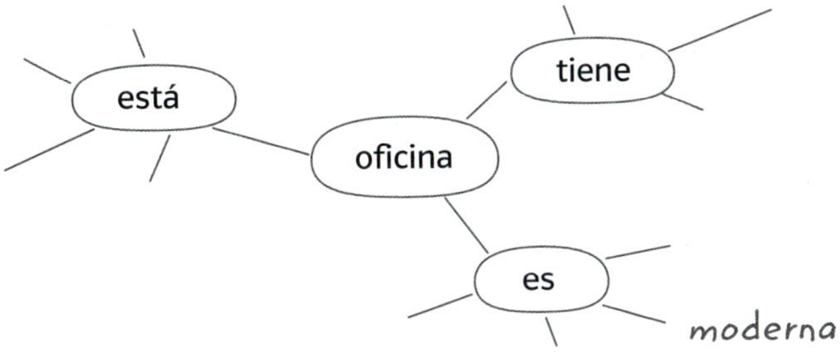

b Ahora escribe un pequeño texto sobre tu oficina ideal.

Mi oficina ideal es un despacho individual. Es…

Mi nueva vida

8 Combinaciones

Marca con qué palabras se pueden combinar estos verbos y añade otra.

1. cambiar de
   - [ ] casa
   - [ ] tiempo
   - [ ] ciudad
   - ....

2. conocer
   - [ ] a gente
   - [ ] una ciudad
   - [ ] español
   - ....

3. encontrar
   - [ ] familia
   - [ ] novio
   - [ ] trabajo
   - ....

4. perder
   - [ ] el trabajo
   - [ ] la mudanza
   - [ ] la llave
   - ....

9 Con o sin la preposición *a*

Lee las frases y elige la opción correcta.

1. Conozco muy bien a / — esos clientes, pero no conozco a / — el proyecto.
2. Antes veía a / — mis compañeros, ahora solo veo a / — informes.
3. Los fines de semana puedo visitar a / — mi familia en Santiago.
4. ¿Puedes ayudarme? Es que no entiendo a / — este correo en inglés.
5. ¿Qué te parece si visitamos a / — el museo este fin de semana?
6. Tengo a / — una hermana en Chile que tiene a / — una casa en la playa.
7. Escucha a / — los consejos de Ana. Ella conoce bien a / — la jefa.
8. No entiendo a / — Paula. No quiere aceptar a / — el puesto de directora.

Recuerda
¿Ves **a** Carla?
Veo su coche.
Tengo ~~a~~ una tía rusa.

10 Las formas del imperfecto

a Completa la tabla con las formas del imperfecto que faltan.

estar	tener	salir	ser	ver	ir
estaba					
	tenías				
		salía			
			éramos		
				veíais	
					iban

Recuerda
En el imperfecto, la 1ª y la 3ª persona de singular son iguales.

b Ahora continúa las series.

1. presentaba • organizaba • negociaba • ...
2. salíamos • repetíamos • pedíamos • ...
3. hacíais • recogíais • comprendíais • ...
4. recogíamos • proponíamos • volvíamos • ...
5. abrías • corregías • recibías • ...
6. intentaban • mejoraban • ordenaban • ...

11 Antes y ahora

¿Cómo ha cambiado la vida de este directivo? Compara su vida antes y ahora.

Recuerda
viajar **menos**
tener **más** tiempo
no pasar **tantas** horas en la oficina

antes
- tener reuniones en otros países
- hacer muchos viajes
- dormir en hoteles
- no ver a la familia
- no disponer de tiempo para trabajar
- tener estrés

ahora
- hacer las reuniones por videoconferencia
- no viajar
- dormir en casa
- pasar tiempo con la familia
- tener tiempo para trabajar en los proyectos
- estar tranquilo

Antes tenía reuniones en otros países, ahora puede hacer…

12 La historia de Carmencita

Completa el texto con las formas del imperfecto.

"Mi tía, la niña de la imagen, ______________ (llamarse) Carmencita y en la foto ______________ (tener) seis años. ______________ (vivir) en Novelda con sus padres, que ______________ (tener) un negocio de especias. Al principio, la empresa ______________ (ser) pequeña, y en ella ______________ (trabajar) dos personas: un comercial, su padre, y una trabajadora, su madre. ______________ (hacer) pequeños paquetes con especias y los ______________ (vender) en los alrededores. En los años 50, Carmencita ya ______________ (emplear) a más de cien mujeres en su fábrica. En los años 60, la mayoría de los españoles ya ______________ (usar) las especias de Carmencita para cocinar. Hoy, esa foto y su nombre significan calidad y buena cocina."

13 ¿Cómo era tu vida antes?

Forma frases sobre tu vida combinando las expresiones de las tres columnas.

Antes A los 8 / 15 años Cuando tenía 8 / 15 años	ya todavía (no)	tener móvil. poder salir por la noche. acostarse tarde / temprano. ir a fiestas. saber tocar un instrumento musical. ver la televisión todos los días. pasar las vacaciones con la familia / amigos. pedir dinero a mis padres.

Nuevas formas de trabajo

14 Series de palabras

¿Qué palabra o expresión no corresponde en cada serie?

1. la mayoría • algunos • estos • pocos • todos
2. con éxito • positivo • brillante • amplio • muy bueno • ideal
3. autocontrol • automotivación • autoorganización • autonomía • autopista
4. trabajar en pijama • trabajar en la oficina • trabajar en casa • trabajar en el tren

15 Las reglas del teletrabajo

Formula reglas para tener éxito en el teletrabajo con las opiniones de un foro.

FORO TELETRABAJADORES

Sandra López 23 Respuestas 1 Me gusta
Yo me levanto siempre a la misma hora. Es muy importante. > Ver más

Nora Duarte 15 Respuestas 4 Me gusta
He separado el correo privado y el de la empresa. > Ver más

Javier Delgado 15 Respuestas 8 Me gusta
Antes trabajaba en el salón. Ahora tengo un despacho. > Ver más

Ana Sanmartín 10 Respuestas 0 Me gusta
Siempre cierro la puerta del despacho cuando trabajo. > Ver más

Sara Morán 9 Respuestas 6 Me gusta
Yo he aprendido a no mirar en Internet. > Ver más

Andrés Cobo 2 Respuestas 2 Me gusta
Después de dos meses empecé a vestirme igual que para la oficina. > Ver más

Hay que levantarse siempre a la misma hora.

16 Encuesta de hábitos en el trabajo

Comenta los resultados de esta encuesta entre 20 empleados según el modelo.

	sí
1. ¿Tienes que usar Internet para tu trabajo?	18
2. ¿Tienes que buscar información en Internet?	9
3. ¿Tienes que usar redes sociales?	2
4. ¿Tienes alguna red social abierta en el trabajo?	10
5. ¿Lees correos privados?	17
6. ¿Miras las ofertas de tiendas online en el trabajo?	12
7. ¿Chateas con amigos en horas de trabajo?	7
8. ¿Haces compras en Internet?	6

Casi todos los empleados utilizan Internet para su trabajo.

Recuerda
(casi) todos
la mayoría
la mitad
algunos
pocos
(casi) nadie

17 Datos sobre el teletrabajo en una empresa

Escucha esta presentación y completa los gráficos. 78

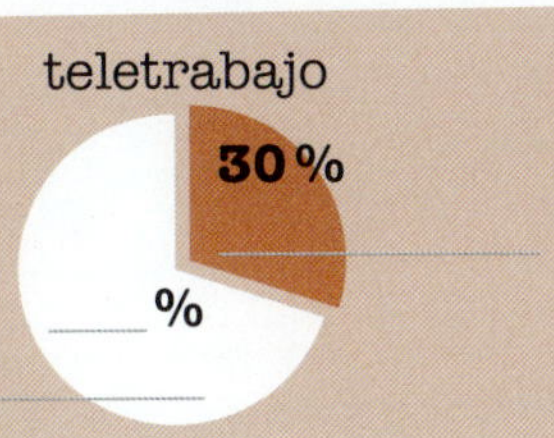

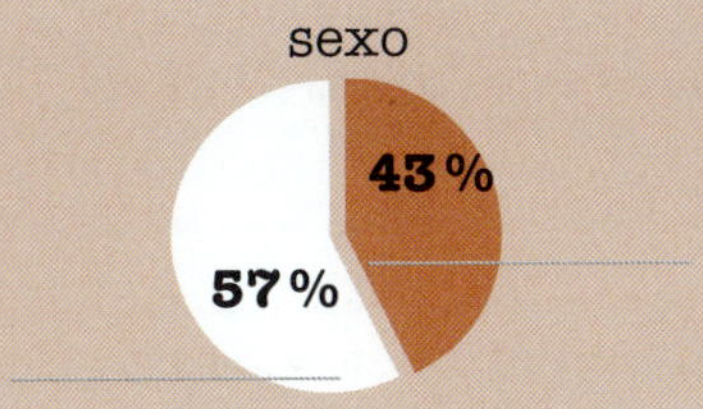

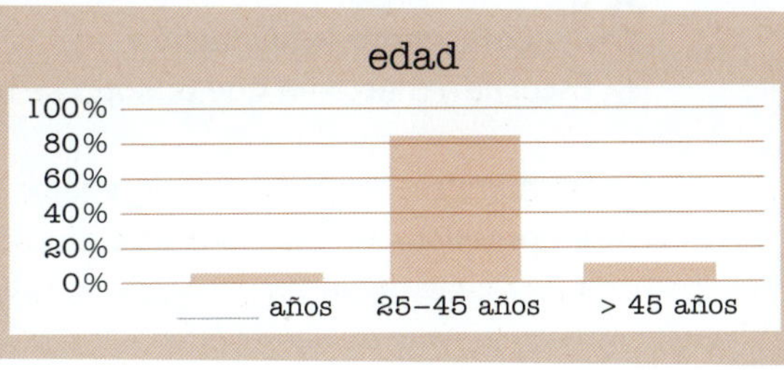

18 Preguntas al abuelo

Relaciona las preguntas con las respuestas correspondientes.

1. ¿Trabajabas muchas horas?
2. ¿A qué hora empezabas?
3. ¿Tenías móvil?
4. ¿Había muchas mujeres en tu empresa?
5. ¿No teníais horario flexible?
6. ¿Qué hacías en tu tiempo libre?
7. ¿Y qué hacíais sin ordenador?

a. Sí, pero no en puestos directivos.
b. Escribíamos a máquina y mandábamos cartas.
c. No, eso es algo de hoy.
d. Viajaba, disfrutaba de la familia.
e. Sí, pero ahora se trabaja más.
f. Abríamos a las siete.
g. No, trabajábamos siempre de 7 a 3.

19 Una infancia en los años 70

a Completa el texto con las formas del imperfecto.

Yo ____________ (vivir) con mis padres en Bilbao. Todos los días, mis dos hermanos y yo ____________ (levantarse) a las 7, ____________ (ponerse) el uniforme del colegio y ____________ (desayunar) leche y pan con mermelada. Luego, ____________ (ir) a pie al colegio. ____________ (ser) un colegio religioso y no me ____________ (gustar) nada. ____________ (tener) clase por la mañana y por la tarde y ____________ (volver) a casa para comer. En aquella época no ____________ (ver) la televisión y despúes de hacer los deberes, mis hermanos ____________ (bajar) a la calle a jugar. Yo ____________ (preferir) leer. Mi libro favorito ____________ (ser) *Los cinco*.

b Formula las preguntas que puedes hacerle a alguien para conocer su infancia.

¿Dónde vivías? ¿Con quién...?

20 La vida sin Internet, móvil y coche

¿Qué (no) hacíamos antes sin ellos? Escribe frases como en el ejemplo.

@
– ____________
– ____________

– Antes solo hablábamos por teléfono en casa.
– ____________

– ____________
– ____________

Al teléfono

21 Comprobar información

a Escucha y marca en qué diálogo se habla de estas cosas. 79 – 80

- ☐ un nombre
- ☐ un producto
- ☐ un vuelo
- ☐ una reunión

b Escucha otra vez y relaciona las partes de las frases.

1. ¿Capelán?
2. Repito el número…
3. La reunión es el 24 de mayo.
4. ¿A las cuatro?

a. ¿Está bien? ¿Falta algo?
b. ¿Verdad?
c. ¿Es correcto?
d. ¿Lo he entendido bien?

Correspondencia

22 Un informe de prácticas

Completa el informe con los siguientes títulos.

La empresa • Período de prácticas • Valoración • Actividades realizadas

Estimada señora Somoza:

Como me ha pedido, le envío un breve informe sobre mi período de prácticas en la editorial Primor S.A.

____________: Las prácticas en la empresa Primor S.A. forman parte de mi formación como diseñador gráfico en la Escuela de Formación Profesional de Diseño de Valencia. Han tenido una duración de 3 meses.

____________: La empresa Primor S.A. tiene sus oficinas en Barcelona y realiza catálogos de arte. He realizado mis prácticas en el Departamento de Producción.

____________: En los meses de prácticas he trabajado en el diseño de catálogos. Adjuntos, le envío algunos ejemplos.

____________: Ha sido una experiencia muy positiva. Me ha gustado mucho porque he podido colaborar en proyectos, intercambiar ideas con mis compañeros y conocer la rutina de la empresa.

Un cordial saludo,

Julio Deza

OJO
Un informe de prácticas tiene normalmente títulos que ayudan al lector a encontrar la información rápidamente.

Pronunciación

23 Las frases negativas

a Escucha y marca con una coma dónde se hace una pausa. 81

entonación	significado
1. No soy de Valencia.	"No es de Valencia."
2. No soy de Valencia.	"Es de Valencia."
3. No lo entiendo.	"No lo entiende."
4. No lo entiendo.	"Lo entiende."

OJO
La pausa cambia el significado de la frase y en el lenguaje escrito se marca con una coma.

b Escucha los diálogos y marca el significado que oyes. 82 – 83

1. ☐ No trabaja en equipo.
   ☐ Trabaja en equipo.
2. ☐ Es moderno.
   ☐ No es moderno.
3. ☐ Tiene despacho.
   ☐ No tiene despacho.

Portfolio

YA SÉ...

> hablar de partes de la casa o la oficina:
terraza, puerta,
despacho, recepción,

> los muebles:
escritorio,

> describir un piso o una oficina:
Es moderno/-a, tranquilo/-a

> describir el estado de la oficina y localizarla:
Está reformada,
Está en un edificio

> hablar de cantidades:
la mayoría, el 95 % (por ciento), 5 %,

> hablar de hábitos en el pasado:
Antes veía a mis amigos
Cuando era joven, a los 20 años,

> expresar obligación:
Tenemos que *Hay que*

Test

Elige la respuesta correcta.

1 La oficina tiene que ser…
- ☐ a. bien comunicada.
- ☐ b. servicio.
- ☐ c. tranquila.

2 El edificio no está…
- ☐ a. moderno.
- ☐ b. de la estación.
- ☐ c. en la zona comercial.

3 ¿El despacho no … renovado?
- ☐ a. está
- ☐ b. es
- ☐ c. tiene

4 Me gustan mucho … verdes.
- ☐ a. la pared
- ☐ b. las paredes
- ☐ c. paredes

5 ¿Has visto … Miguel?
- ☐ a. con
- ☐ b. —
- ☐ c. a

6 ● Un 90 % trabaja en equipo.
○ Sí, sí…
- ☐ a. la mitad.
- ☐ b. la mayoría.
- ☐ c. todos.

7 ¿Cuándo puedo ver … la oficina?
- ☐ a. a
- ☐ b. de
- ☐ c. —

8 El alquiler es…
- ☐ a. barata.
- ☐ b. caro.
- ☐ c. incluido.

9 Los gastos de comunidad están…
- ☐ a. incluidos.
- ☐ b. baratas.
- ☐ c. interesantes.

10 En mi oficina no teníamos…
- ☐ a. telegrama.
- ☐ b. máquina de escribir.
- ☐ c. movilidad.

11 … los 19 años estudiaba en Oviedo.
- ☐ a. De
- ☐ b. Con
- ☐ c. A

12 Antes … más en coche.
- ☐ a. iba
- ☐ b. voy
- ☐ c. veíamos

13 … 50 % puede trabajar en casa.
- ☐ a. —
- ☐ b. El
- ☐ c. Casi

14 Antes no … Internet.
- ☐ a. era
- ☐ b. daba
- ☐ c. había

15 Me he mudado … motivos profesionales.
- ☐ a. —
- ☐ b. por
- ☐ c. de

16 Antes … deporte con mi hermana.
- ☐ a. hace
- ☐ b. hacía
- ☐ c. hago

17 Yo … muy bien esta zona.
- ☐ a. conozco
- ☐ b. conocemos
- ☐ c. conoce

18 … que informarse primero.
- ☐ a. Tengo
- ☐ b. Hay
- ☐ c. Tener

SE BUSCAN QUIJOTES

Llegar a la meta // 10

Las claves del éxito

1. Combinar verbos con expresiones
2. Clasificar y completar formas verbales: el indefinido
3. Completar un texto: el indefinido
4. Formular frases: el indefinido
5. Clasificar y reconocer formas verbales: presente o indefinido
6. Escribir un texto en indefinido

Ofertas de trabajo

7. Clasificar expresiones: una oferta de trabajo
8. Entender la descripción de personas
9. Un crucigrama: completar con verbos irregulares en indefinido
10. Completar un texto: el indefinido
11. Contestar a preguntas y formular frases: el indefinido

Mi trayectoria profesional

12. Clasificar expresiones: el C.V.
13. Formular preguntas: una entrevista laboral
14. Ordenar marcadores de tiempo
15. Elegir el tiempo verbal correcto
16. Formar frases: perfecto o indefinido

Al teléfono

17. Informarse sobre un proceso de selección

Correspondencia

18. Una solicitud de empleo

Pronunciación

19. La pronunciación de la **ll** / **y**

Portfolio

Test

Las claves del éxito

1 Combinaciones

a Escribe estas expresiones en la columna correspondiente. ¿Puedes añadir una más en cada columna?

comunicativo/-a • experiencia • usar programas de e-mail • ganas de aprender • interesado/-a en aprender • conocimientos de francés • flexible • dispuesto/-a a viajar • idiomas • creativo/-a • nivel alto de inglés • acostumbrado/-a a tratar con clientes • dinámico/-a • trabajar en equipo

ser	estar	saber	tener

b Ahora elige las tres cualidades más importantes para ti en tu puesto favorito.

2 Indefinido regular

Escribe las formas verbales en su lugar y completa la tabla.

empecé • fui • viví • volvimos • empezó • fuisteis • empezaron • volviste • vivieron

	-ar	-er	-ir	ser / ir
yo			viví	
tú				
él / ella / usted				
nosotros/-as				
vosotros/-as				
ellos / ellas / ustedes				

3 La empresa de Matías

Completa con las formas del indefinido lo que cuenta Matías sobre su empresa.

“Yo estudié (estudiar) Economía en la universidad y después trabajé (trabajar) tres años en un banco. En el banco conocí (conocer) a mi mujer y los dos decidimos (decidir) abrir nuestra propia empresa. fundamos (fundar) Etniko y abrimos (abrir) nuestra primera tienda en el año 2009. La verdad es que el éxito llegó (llegar) rápido y ahora tenemos cinco tiendas con doce empleados.”

Matías Suárez, empresario y fundador de Etniko

4 ¿Cuándo fue?

Relaciona las dos columnas y escribe frases en indefinido.

1. En 1965, los informáticos del MIT*
2. En 1976, Steve Jobs y Steve Wozniak
3. En 1985, la empresa Microsoft
4. En 2000, la empresa IBM
5. En 2006, Marc Zuckerberg
6. En 2010, Apple

a. crear Facebook.
b. inventar la memoria USB.
c. presentar el primer Ipad.
d. enviar por primera vez un e-mail.
e. fundar la empresa Apple.
f. vender la primera versión de Windows.

*Massachusetts Institute of Technology

En 1965, los informáticos del MIT enviaron por primera vez un e-mail.

5 ¿Presente o indefinido?

a Clasifica las formas verbales.

organizó • estoy • decidimos • trabajaste • vive • abrimos • hablo • nos dirigimos • llevaron • llegamos • comimos • salís • gestionamos • bebí • estudiamos • organizo

presente: ....

indefinido: ....

presente / indefinido: ....

b Ahora escucha y marca la opción correcta. ▶▶ 84 – 86

1. trabajar en la empresa familiar
   - [x] hace años
   - [ ] ahora
2. trabajar en un hotel
   - [ ] ahora
   - [x] hace años
3. organizar el departamento
   - [ ] este mes
   - [x] el mes pasado
4. organizar viajes
   - [x] ahora
   - [ ] el mes pasado

OJO
En los verbos regulares en **-ar**, **-ir** la primera persona del plural del presente y del indefinido son iguales. El contexto te ayuda a diferenciarlas.

6 La empresa Tous

Lee la historia de la empresa Tous y escríbela en indefinido.

1920 Salvador Tous y Teresa Ponsa abren un taller de relojes en Manresa.
1965 Salvador Tous y Rosa Oriol se casan y toman el negocio familiar.
1987-1992 Las 4 hijas de Salvador y Rosa empiezan a trabajar en la empresa.
1996 Abre la primera tienda en el extranjero.
2004 El número de tiendas llega a 200.
2011 Jennifer López es imagen internacional de la empresa.

En 1920, Salvador Tous y Teresa Ponsa abrieron un taller de relojes...

Ofertas de trabajo

7 Una oferta de trabajo

Escribe los datos en el apartado correspondiente.

Coordinar cursos de formación interna • Experiencia de tres años en puesto similar • Preparar informes sobre necesidades de personal • Nivel muy alto de inglés • Sueldo según experiencia • Conocimientos de informática • Organizar la incorporación de nuevos trabajadores • Profesional muy activo y dinámico • Contrato indefinido

Empresa líder del sector necesita incorporar

un jefe / una jefa de recursos humanos

FUNCIONES: ______________________________

____

____

SE REQUIERE: ______________________________

____

____

____

SE OFRECE: ______________________________

____

____

____

Interesados enviar C.V. y carta de presentación a: r.contreras@lidering.es

8 Un proyecto y dos candidatas

En una empresa van a seleccionar a una persona para un nuevo proyecto. Escucha y apunta al menos tres cualidades de cada una. ¿A quién crees que eligen? ¿Por qué? ▶▶ 86

> Marina Guerrero Andrada: ______________________________
> Bárbara Rodríguez Amado: ______________________________

9 Indefinido irregular

Completa este crucigrama con las formas del indefinido irregular.

verticales:
1. 3ª persona HABER
2. nosotros DECIR
3. yo QUERER
4. tú VER
5. él PODER

horizontales:
6. yo DAR
7. vosotros HACER
8. nosotras PONER
9. ellos ESTAR
10. yo VENIR

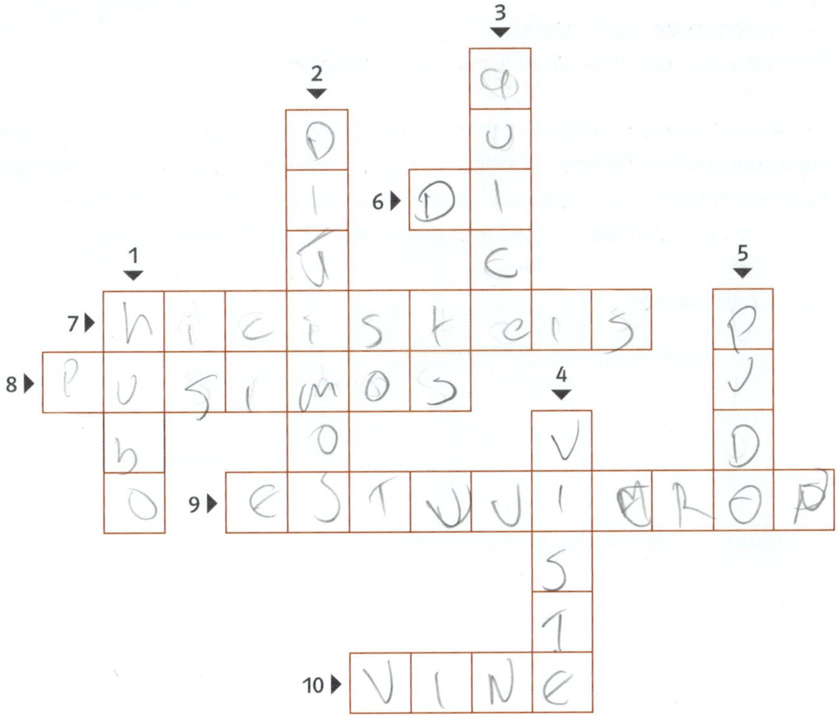

10 Un día con mucho estrés

a Ayer, Antonio se mudó de casa y su día fue diferente. Completa las frases.

normalmente	ayer
1. Se levanta a las siete de la mañana.	________ también a las siete.
2. Desayuna en casa.	________ en el bar de la esquina.
3. Espera el autobús para ir al trabajo.	________ a la empresa de mudanzas.
4. Va al trabajo.	No ________ al trabajo.
5. Lleva informes a la oficina.	________ sus muebles a la calle.
6. Come con sus compañeros de trabajo.	No ________.
7. Hace deporte por las tardes.	No ________ deporte.
8. Tiene tiempo para ver a su novia.	No ________ tiempo para verla.
9. Duerme en casa en su cama.	________ en casa de un amigo en el sofá.

b Y tú, ¿qué hiciste ayer? Escribe cinco frases.

11 La última vez

¿Dónde y cuándo fue la última vez que hiciste estas cosas? Escribe frases como en el modelo.

1. asistir a un congreso / una feria — Asistí a una feria en agosto en París.
2. hacer una presentación ________
3. estar en un país extranjero ________
4. ir a un entrevista de trabajo ________
5. celebrar una fiesta ________
6. leer un libro ________

Mi trayectoria profesional

12 Un buen currículum

Escribe estas palabras en el lugar correspondiente.

apellidos • jefe/-a de recepción • Bachillerato • conocimientos de informática • diplomado/-a en Turismo • edad • organizado/-a • prácticas en la empresa Boone • lugar de residencia • estudios universitarios • asistente de dirección • iniciativa • curso de contabilidad • nivel alto de francés • correo electrónico

datos personales: ______________________

____

____

estudios: ______________________

____

____

cualidades y habilidades profesionales: ______________________

____

____

experiencia profesional: ______________________

____

____

13 Una entrevista de trabajo

Una persona realiza una entrevista de trabajo. Completa las preguntas que le hacen.

1. ● (cursos de idiomas en el extranjero) ______________________
   ○ Sí, hice un curso de inglés en Inglaterra, en el 2006.
2. ● (prácticas) ______________________
   ○ Sí, en el verano del 2008 hice tres meses de prácticas en la empresa SPG.
3. ● (razones para trabajar en esta empresa) ______________________
   ○ Esta es una empresa líder en el sector con un muy buen ambiente de trabajo.
4. ● (dispuesto/-a a viajar) ______________________
   ○ Sí, por supuesto. Hacer viajes de trabajo no es un problema.
5. ● (hablar en público) ______________________
   ○ Sí, he hablado en público muchas veces y estoy acostumbrada.
6. ● (lugar de estudios universitarios) ______________________
   ○ En Madrid, en la Universidad Autónoma.
7. ● (experiencia) ______________________
   ○ Sí, tengo cuatro años de experiencia en el sector.
8. ● (conocimientos informática) ______________________
   ○ Word, Excel, Access.
9. ● (situación familar) ______________________
   ○ Sí, y tenemos una hija de cuatro años.

14 Marcadores de tiempo

Ordena estas expresiones en la línea del tiempo. Después, marca en rojo las que se usan con perfecto y en azul, las que se usan con indefinido.

el 23 de enero • el lunes pasado • en 2010 • hoy • hace un mes • ayer • este mes • la semana pasada • hace cuatro días • el verano pasado • esta mañana • en septiembre

-- ++

15 ¿Perfecto o indefinido?

Lee la conversación entre estas dos personas y marca la forma correcta.

- Hoy he hablado / hablé con Carmen, la secretaria del jefe. Me ha dicho / dijo que ha organizado / organizó el mes pasado una comida de empresa en el restaurante El Mestizo. Pero que a los jefes no les ha gustado / gustó mucho. Creo que es mejor buscar otro restaurante para la comida de Navidad*.
- Pues yo este fin de semana he estado / estuve en el restaurante Oporto, que ahora está en la calle Estepa, y me ha gustado / gustó mucho. El mes pasado han abierto / abrieron sus puertas en esta nueva dirección, pero la gente que trabaja en el restaurante no ha cambiado / cambió. Creo que podemos hacer una reserva ahí para la comida de Navidad.

*Navidad se celebra el 25 de diciembre.

16 ¿Cuándo?

Escribe frases con estos elementos en perfecto o en indefinido. Atención a los marcadores de tiempo.

1. en 2007 / Jorge / empezar a trabajar / empresa de publicidad
   En 2007, Jorge empezó a trabajar en una empresa de publicidad.
2. ¿tú / hoy / llegar / hora / oficina?
3. ¿cuándo / usted / estar / por última vez / una feria?
4. hace dos años / Juan / hacer prácticas / empresa de informática
5. ¿alguna vez / estudiar / idiomas / extranjero / vosotros?
6. el mes pasado / asistir / congreso / yo / Sevilla
7. este mes / llegar / nuevo jefe / departamento
8. ayer / tener que ir / universidad / autobús / mi hija

Al teléfono

17 Informarse sobre un proceso de selección

a Unas personas llaman por teléfono para pedir información sobre un anuncio de trabajo o un proceso de selección. Escucha y relaciona los diálogos con las frases correspondientes. ▶▶ 87–89

- ☐ Ya ha enviado el currículum.
- ☐ Este es su primer contacto con la empresa.
- ☐ Va a tener una entrevista personal.

b Escucha los diálogos otra vez y relaciona las frases con las situaciones.

- ☐ Tengo unas preguntas sobre la oferta de trabajo.
- ☐ Llamo para informarme sobre el proceso de selección.
- ☐ ¿Es posible cambiar la fecha de la entrevista?

Correspondencia

18 Una solicitud de empleo

Lee la carta y elige la opción correcta en cada número.

Asunto: solicitud de puesto de gestor de Recursos Humanos

_______ (1) señores:

Me _______ (2) a ustedes _______ (3) la oferta del puesto de gestor de Recursos Humanos publicada en su página web.

Como pueden ver en mi C.V., mi formación y mi experiencia en este sector son adecuadas para el puesto. Después de mis estudios de Sociología en la Universidad de Valladolid, hice un máster en Recursos Humanos en la Universidad de Manchester. Más tarde, en 2010, empecé como asistente de Recursos Humanos en la empresa Arauco, donde trabajo desde entonces. Además de un muy buen nivel de inglés (C1), también tengo conocimientos de francés a nivel intermedio.

Quedo a su _______ (4) para aclarar otros detalles en una entrevista personal. En _______ (5) de su respuesta, reciban un saludo.

Ana Cueto

OJO
En la introducción se explica por qué se escribe: *Me dirijo a ustedes…*

En el cuerpo de la carta se hace un resumen de la formación y la experiencia laboral.

Al final se incluye una frase para ofrecer más información: *Quedo a su disposición.*

1.	2.	3.	4.	5.
☐ Mis	☐ dirijo	☐ para	☐ espera	☐ gracias
☐ Estimados	☐ escribo	☐ sobre	☐ disposición	☐ espera
☐ Queridos	☐ disculpo	☐ en relación con	☐ llamada	☐ relación

Pronunciación

19 La pronunciación de la *ll* y la *y*

a Marca el sonido que oyes. ▶▶ 91

	1	2	3	4	5	6
ll	☐	☐	☐	☐	☐	☐
y	☐	☐	☐	☐	☐	☐

OJO
La mayoría de hispanohablantes pronuncia igual la *ll* y la *y*. En Argentina y Uruguay se pronuncian como *sh* en inglés. Todas las pronunciaciones son correctas.

b Escucha ahora a tres personas y escribe si pronuncian la *ll* y la *y* igual (=) o diferente (≠). ▶▶ 91

	1	2	3
Me llamo Maya. ¿Te llamas Yolanda? ¿Y de apellido?	☐	☐	☐

Portfolio

YA SÉ…

> hablar de cualidades profesionales:
Soy
Estoy acostumbrado/-a a

> hablar de habilidades profesionales:
Tengo experiencia en / conocimientos de
Sé

> dar datos biográficos:
Nací
A los años

> hablar de experiencias en el pasado:
¿Has estado alguna vez
¿Cuándo por última vez?

> hablar de la experiencia profesional:
Trabajé un año en
Después de mis estudios

> escribir una carta de presentación:
En relación con la oferta publicada les envío
Quedo

Test

Elige la respuesta correcta.

1 Los trabajadores tienen que ... iniciativa.
- ☐ a. ser
- ☐ b. tener
- ☐ c. estar

2 El nuevo jefe sabe...
- ☐ a. interés en sus trabajadores.
- ☐ b. tratar a la gente.
- ☐ c. muy flexible.

3 Es importante ... decisiones.
- ☐ a. tomar
- ☐ b. saber
- ☐ c. tratar

4 Hace años mi jefa ... como secretaria.
- ☐ a. trabajo
- ☐ b. trabajó
- ☐ c. trabaja

5 ¿Cuándo ... el correo de los clientes?
- ☐ a. llego
- ☐ b. llegó
- ☐ c. llegamos

6 Para ese puesto ... experiencia de al menos un año.
- ☐ a. se ofrece
- ☐ b. se requiere
- ☐ c. se quiere

7 Manuel ... dispuesto a viajar todas las semanas.
- ☐ a. es
- ☐ b. está
- ☐ c. tiene

8 Fundaron la empresa hace...
- ☐ a. cincuenta años.
- ☐ b. 2006.
- ☐ c. el 20 de abril.

9 ¿Cuándo estuviste en el extranjero...?
- ☐ a. ayer
- ☐ b. por última vez
- ☐ c. este año

10 ¿... hablar en público?
- ☐ a. Sabe
- ☐ b. Tiene
- ☐ c. Está acostumbrado

11 Para el puesto se requieren...
- ☐ a. experiencia de un año.
- ☐ b. conocimientos de alemán.
- ☐ c. persona flexible.

12 No es importante tener experiencia...
- ☐ a. laboral.
- ☐ b. idiomas.
- ☐ c. informática.

13 Junto con el C.V. tienes que enviar una...
- ☐ a. currículum.
- ☐ b. correo electrónico.
- ☐ c. carta de presentación.

14 En 2012 ... unas prácticas.
- ☐ a. he hecho
- ☐ b. hago
- ☐ c. hice

15 El año pasado ... una reunión de empresa en ese hotel.
- ☐ a. hemos tenido
- ☐ b. tuvimos
- ☐ c. nunca he tenido

16
- ● ¿Ha hecho prácticas en una empresa?
- ○ ...
- ☐ a. Sí, hice uno en 2012.
- ☐ b. Sí, en verano de 2012.
- ☐ c. No, nunca la hago.

17 José no es ... de usar el nuevo programa.
- ☐ a. acostumbrado
- ☐ b. dispuesto
- ☐ c. capaz

18 ¿Tú ... alguna vez en el extranjero?
- ☐ a. estuviste
- ☐ b. has estado
- ☐ c. estabas

En esta Etapa, las tareas corresponden al examen DELE A2.

1 Comprensión lectora

Lee estas ofertas de trabajo y las frases que siguen. Luego, busca las siete ofertas que corresponden a las frases.

A REPRESENTANTE COMERCIAL
Empresa de moda necesita representante comercial para vender nuestra nueva colección. Zona: norte del país. Horario flexible, trabajador autónomo. Salario según resultados. Teléfono: 985767260

B INGENIERO/-A
Empresa española necesita ingeniero/-a para construcción de autopista en Chile. Duración proyecto: unos cinco años. Mudanza a cargo de la empresa. Atractivas ventajas para familias. Contacto: m.garces@sacer.es

C GERENTE DE PROYECTO
Empresa de ingeniería necesita gerente de proyecto para desarrollo de nuevo producto. Buscamos una persona dinámica y creativa para completar un equipo joven y poco convencional. Enviar C.V. a: c.mesa@creative.com

D ASISTENTE DE DIRECCIÓN
Empresa multinacional líder del sector necesita asistente para el director general. Funciones: llevar la agenda del director. Salario atractivo y buen ambiente de trabajo. Interesados enviar C.V. a: RRHH@bshb.es

E JEFE/-A DE RESERVAS
Se necesita jefe/-a de reservas para nuevo hotel de cinco estrellas en Madrid. Experiencia mínima de tres años en puesto similar. 30.000–35.000 € según experiencia. Enviar currículum a: personal@orientalexpress.com

F VENDEDORAS
Centro comercial necesita seleccionar vendedoras para fines de semana. Buscamos mujeres simpáticas de 25 a 35 años. Se valora buen nivel de inglés. Enviar currículum a: clasics@yahoo.es

G DISEÑADOR/A WEB
Buscamos diseñador/a para desarrollar la nueva web de nuestra empresa. Se requiere experiencia de al menos un año. Posibilidad de realizar teletrabajo. Enviar currículum con lista de webs realizadas a: martin@credelis.es

H TRADUCTOR/A
Empresa de automóviles líder a nivel mundial necesita traductor/a inglés y alemán para traducción de documentos técnicos. Se requieren estudios universitarios y experiencia. Enviar currículum a: torres@selecta.es

I PERIODISTA
Empresa familiar busca periodista para ayudar en la redacción y publicación de un libro por los 100 años de la fundación de la empresa. Es necesario pasar algunas semanas en Sevilla. Para más información, llamar al tel. 954 83 45 68

J AYUDANTE DE COCINA
Se necesita ayudante de cocina para comedor universitario. Se requiere formación profesional. Persona dinámica, con o sin experiencia. Contrato de un año. Teléfono: 918337265

1. El salario depende de la experiencia. ☐
2. Se puede trabajar desde casa. ☐
3. Es necesario saber muy bien idiomas. ☐
4. Hay que trabajar los sábados y domingos. ☐
5. Hay que coordinar reuniones y llamadas. ☐
6. No es necesario tener experiencia. ☐
7. Tiene que estar dispuesto a vivir en el extranjero. ☐

2 Comprensión lectora

Lee el artículo y marca las respuestas correctas.

Un buen ambiente de trabajo, clave para el éxito de la empresa

Hasta ahora no se sabía que el ambiente de trabajo es tan importante para los resultados de las empresas. Algunas de las empresas con más éxito tienen especial interés en conseguir y mantener un buen ambiente de trabajo, que finalmente se traduce en empleados creativos, dinámicos y llenos de energía. El rápido éxito de empresas como Google, Facebook o Apple se explica, entre otros motivos, por ese buen ambiente.

De hecho, según un estudio de este año de la Universidad de California, al menos un 51 % de los trabajadores nuevos dejan su puesto antes de un año sencillamente porque no se sienten bien o porque no les gusta el trato que reciben. Otros no se sienten cómodos y, sin embargo, se quedan en la empresa, pero son mucho menos productivos.

¿Qué recomiendan los expertos para la selección de personal? En el proceso de selección, junto al currículum, es especialmente importante la entrevista personal. Las personas de la empresa que hacen la entrevista tienen que considerar si el candidato se va a adaptar a la empresa y al equipo con el que va a trabajar.

Margarita Larraín, experta en selección de personal, explica: "Muchas veces leemos un currículum y pensamos que hemos encontrado a la persona perfecta y después, cuando conocemos a esa persona, vemos que no es la adecuada, que por su carácter no va a poder trabajar bien con los compañeros. Las preguntas se tienen que hacer para intentar conocer un poco a esa persona y no para saber más detalles del currículum."

1. El título del texto habla de…
   - ☐ a. empresas con éxito.
   - ☐ b. cómo conseguir un buen ambiente de trabajo.
   - ☐ c. la importancia del buen ambiente de trabajo.

2. En el texto se dice que…
   - ☐ a. el ambiente de trabajo antes no era tan importante.
   - ☐ b. el éxito de las empresas depende bastante del buen ambiente.
   - ☐ c. Apple o Google tuvieron éxito solo por el buen ambiente.

3. Según el texto…
   - ☐ a. cuando algunos trabajadores dejan la empresa, los otros trabajan mejor.
   - ☐ b. menos de la mitad de los trabajadores dejan la empresa antes de un año.
   - ☐ c. hay trabajadores que no están bien, pero tampoco dejan la empresa.

4. Los expertos consideran que la entrevista…
   - ☐ a. no es tan importante como la valoración del currículum.
   - ☐ b. sirve para saber si el candidato va a trabajar bien con sus compañeros.
   - ☐ c. sirve para saber si el candidato es capaz de realizar las funciones del puesto.

5. Según Margarita Larraín…
   - ☐ a. un buen currículum no siempre significa un buen candidato.
   - ☐ b. en una entrevista siempre es posible saber si la persona es adecuada.
   - ☐ c. en la entrevista hay que conocer detalles sobre la experiencia del candidato.

3 Comprensión auditiva

Escucha dos veces esta noticia de radio sobre la feria de turismo Fitur y marca las respuestas correctas. ▶▶ 92–93

1. En la noticia se dice que la feria...
   - ☐ a. es solo para profesionales.
   - ☐ b. empezó ayer.
   - ☐ c. es solo para latinoamericanos.

2. En esta edición de Fitur participan...
   - ☐ a. 165 países.
   - ☐ b. 165 empresas.
   - ☐ c. países de América y Europa.

3. El jueves se conoce el premio...
   - ☐ a. al mejor blog de viajes.
   - ☐ b. a los jóvenes empresarios.
   - ☐ c. a la mejor aplicación informática.

4. Las entradas por Internet cuestan...
   - ☐ a. 8 euros.
   - ☐ b. 7 euros.
   - ☐ c. la mitad del precio normal.

5. El fin de semana las empresas...
   - ☐ a. hacen negocios entre ellas.
   - ☐ b. organizan viajes para clientes.
   - ☐ c. organizan la próxima feria.

6. Según la noticia, el domingo 26 hay...
   - ☐ a. una conferencia sobre turismo.
   - ☐ b. una exposición de fotos.
   - ☐ c. un taller de fotografía.

4 Comprensión auditiva

Escucha la conversación entre Rodrigo y Ana dos veces y elige la imagen que corresponde a cada frase. ▶▶ 94

1. Lugar donde se vieron Rodrigo y Ana por última vez. ☐
2. Actividad de Rodrigo los domingos. ☐
3. Lugar donde Ana trabajaba antes. ☐
4. Medio de transporte que usa Rodrigo para ir al trabajo. ☐
5. Ana quiere comprar algo esta tarde. ☐

A

C

E

G

B

D

F

H

5 Expresión escrita

Estuviste de vacaciones la semana pasada. Mira tu agenda y escribe un texto en el que explicas dónde estuviste, con quién y cómo lo pasaste. (Número de palabras: 70 – 80)

LUNES	MARTES	MIÉRCOLES	JUEVES	VIERNES
Último día de trabajo	10:30 Taxi aeropuerto 12:30 Vuelo a Roma IB 1653 16:00 Hotel Gladiador Desayuno incluido	Visita de monumentos importantes: Coliseo, etc. 20:30 Reserva restaurante Bella Italia	Museo de la ciudad de Roma (entradas reservadas por Internet)	17:00 Vuelo a Barcelona

6 Expresión oral

Describe la foto: el lugar, las personas, los objetos y las acciones. Debes hablar de las personas, cómo son y la ropa que llevan. (Duración: 2 – 3 minutos)

PREGUNTAS DE PREPARACIÓN
- ¿Dónde están? ¿Cómo es el lugar?
- ¿Cómo son las personas? ¿Qué ropa llevan?
- ¿Qué están haciendo?
- ¿Están hablando? ¿Qué crees que están diciendo?

Transcripciones

El primer día

1 b ▶ 1
1. ● Buenos días. Soy Antonia Fernández.
   ○ Hola, me llamo Carmen Luna Jiménez.
2. ● Hola, yo soy Luis. ¿Cómo te llamas?
   ○ Soy David, ¿qué tal?
3. ● Buenas tardes. Me llamo Fernando Martín.

3 b ▶ 2
Catalina: Carlos, Carmen, Cristina
Cecilia: Cintia, César, Celia
Josefa: Juan, Jimena, Julio, Jaime
Gustavo: Guillermo, Gloria, Gabriel
Bibiana: Victoria, Verónica, Bárbara, Valentín

3 c ▶ 3
Patricia, Agustín, Lucía, Eugenia, Ricardo, Jacobo, Miguel, Enrique

1 Mis metas

5 ▶ 4
1. Servicio de información de Telefónica.
   El número del Hotel Continental es el 916902138.
2. Servicio de información de Telefónica.
   El número del Hotel San Agustín es el 968233571.
3. Servicio de información de Telefónica.
   El número del Hotel Playa Mar es el 954217782.

8 ▶ 5
1. Pablo y María trabajan en una empresa de turismo.
2. ¿De qué empresa es, señor Romera?
3. ¿Cómo te llamas?
4. ¿Sois de España?
5. Me llamo Arcadio Ramírez.
6. Amalia y yo buscamos unas prácticas.

19 a ▶ 6–7
1. ● ¿Aló?
   ○ ¿El señor Andrés Fernández?
   ● Con él.
   ○ Lo llamo de la Clínica Pérez. Se trata de los análisis…
2. ● Dígame.
   ○ Juan, soy Arturo.
   ● ¡Arturo! ¿Qué tal estás? ¡Qué sorpresa! Dime, ¿cómo te va?
3. ● Hola.
   ○ ¿Eleonora?
   ● Sí.
   ○ Hola, mira, me llamo Paco y soy amigo de Andrea.
   ● Ah, sí, sí, claro. Paco, el amigo de Andrea.
4. ● ¿Sí?
   ○ ¿Hablo con la señora Bárbara Castaño?
   ● Sí, soy yo.
   ○ Mi nombre es Antonio Sánchez y llamo del Banco City. Tengo una pregunta sobre…

19 c ▶ 8
1. Zara, departamento de ventas, buenos días.
2. Telemercados, buenas tardes. ¿En qué puedo ayudarle?
3. ¿Sí? Dígame.

2 Metas profesionales

6 ▶ 11–12
1. ● ¿Y su apellido?
   ○ Cañizares.
   ● ¿Cómo?
   ○ Cañizares.
   ● ¿Cómo se escribe?
   ○ Con "zeta" y al final con "ese".
2. ● ¿Cuál es su dirección?
   ○ Calle Abarca, número…
   ● Abarca ¿con "be" o con "uve"?
   ○ Con "be" de "Barcelona".
3. ● ¿El señor Arturo Corea?
   ○ Correa.
   ● ¿Cómo? ¿El apellido no es "Corea"?
   ○ No. Es "Correa", se escribe con dos "erres".
4. ● ¿Cómo se llama el compañero nuevo?
   ○ Félix.
   ● ¿Félix se escribe con acento, no?
   ○ Sí, con acento en la "e".

8 ▶ 13
92, 11, 25, 67, 88, 92, 41, 15, 29, 35, 59, 13, 76, 16, 53, 100

11 ▶ 14
- Viajes Travex, buenos días. Mi nombre es Marcela, ¿en qué puedo ayudarle?
- Hola, Marcela, soy Sandra. ¿Tienes la reserva del viaje del señor Reverte?
- Mmm. Un momento... ¿Tienes el número de la tarjeta Flying Blue?
- Sí, mira, es el 23...
- Sí.
- 54...
- Sí.
- 96...
- Sí.
- 77...
- Sí.
- 23.
- Muy bien: el 23 54 96 77 23. Aquí tengo una reserva para el vuelo KL 3487 de la compañía KLM en Business Class.
- KLM en Business Class. Perfecto. ¿Cuál es el código de reserva?
- A ver, es el 8MIR79.
- Muy bien. Gracias, Marcela.
- De nada. Adiós.

21 a ▶ 16
correo, viajar, turismo, Paraguay, red, empresa, cocinero, ruso

Etapa 1

1 ▶ 17
1. ● Oye, Antonio, y Pedro, ¿qué hace?
   ○ Es informático.

2. ● ¿Para qué estudia español?
   ○ Para hablar por teléfono con sus colegas de Latinoamérica.

3. ● ¿Qué hace Andrea en su empresa?
   ○ Lleva la agenda del director.

4. ● ¿Dónde trabaja Manuel?
   ○ En una empresa de moda.

3 Familia y compañía

1 a ▶ 18
- Señor Navarro, háblenos de su familia, porque su empresa es su familia, ¿verdad?
- Bueno, pues el fundador de la empresa es mi abuelo, Jesús Navarro Jover, junto con su mujer, mi abuela, Carmen Valero Díez.
- Entonces, ¿su abuela es "Carmencita", la niña del logo?
- No, la niña de la fotografía es mi tía, Carmen Navarro Valero, la hija mayor de mis abuelos. Son cuatro hijos: Carmen, la mayor, Jesús Navarro Valero, que es mi padre, y mis tías Magdalena y Conchita.
- ¿Y sus primos trabajan también en la empresa?
- Sí, claro. Mi primo Jesús, que se llama de apellido Navarro Navarro, es el hijo de mi tía Carmen; mi prima Nieves es hija de mi tía Magdalena y mi primo Francisco, que es hijo de mi tía Conchita.

9 ▶ 19
- ¿Oye, cómo es la nueva compañera?
- ¿La programadora?
- Sí. ¿Es simpática?
- Sí, bastante simpática. Pero creo que es un poco tímida.
- ¿Por qué?
- Bueno, es que no habla mucho, la verdad.
- ¿Sí? Es que es nueva y muy joven. Tiene solo 23 años. María dice que es muy trabajadora.

10 a ▶ 20 – 21
1. ● ¿Y cómo es el nuevo jefe?
   ○ Pues es simpático. Se llama Luis y tiene 55 años. Es moreno y no muy alto.
   ● ¿Delgado?
   ○ No mucho. Es un poco gordito. Pero lo más importante es que es muy simpático.

2. ● Oye, ¿está aquí la madre de tu primo Antonio?
   ○ ¿La tía Victoria? Pues, creo que sí. Espera...
   ● ¿Cómo es? ¿Es alta?
   ○ No, es baja y delgada. Mira, ahí está. Es la señora rubia que está con mi padre.

3. ● ¿Y tu amigo Santiago? ¿Está hoy aquí también?
   ○ Ja, ja. Santiago... Es guapo, ¿no?
   ● Es muy alto, moreno y delgado. No está mal, pero es muy mayor para mí.

4. ● ¿Quién es la chica rubia?
   ○ ¿La rubia, alta y delgada?
   ● Sí, sí.
   ○ Es mi prima Elena.
   ● ¡Vaya!

18 a 22 – 23

1. ● Agencia Turisom, dígame.
   ○ Buenos días, quería hablar con Alicia Jiménez.
   ● ¿De parte de quién, por favor?
   ○ Soy María Suárez, de Hoteles NH, llamo por la reunión del día 12.

2. ● ¿Diga?
   ○ Buenos días, tengo un problema con el correo electrónico.
   ● Un momento, por favor. Le paso con el responsable. ¿Su nombre, por favor?
   ○ Arturo Fernández.

3. ● Sí, ¿diga?
   ○ Hola. ¿Está Raúl Gómez?
   ● Sí. Perdone, ¿quién lo llama?
   ○ Fernando González, de la central. Necesito urgentemente los datos de la campaña de publicidad.

20 b 24

[x] junio, julio, trabajar, viajar, imagen, agenda, jefe
[g] agosto, delgado, me gusta, amigos, catálogo, gordito, guion, guitarra

4 Comida de negocios

5 25 – 26

1. ● Uy, ¿me lo puedes escribir, por favor? Es que no lo tengo, creo.
   ○ Sí claro, es el 658 98 63 72.

2. ● Yo los tomo muchas veces por la tarde.
   ○ A mí también me gustan bastante. ¿Los compro en el supermercado?
   ● Sí, vale.

3. ● Yo las como en ensalada, sin cocinar, porque así me gustan mucho.
   ○ Yo las como siempre, porque soy vegetariano.

4. ● Mira, tengo una de Alemania. ¿La bebemos con la comida? Es muy buena.
   ○ Es que no puedo tomar alcohol.

10 b 27 – 28

1. ● ¿Tiene hora, por favor?
   ○ Sí, las tres menos cuarto.

2. ● ¿A qué hora abren?
   ○ A las cinco y media.

3. ● ¿Y en tu casa? ¿A qué hora cenáis?
   ○ A las diez.

4. ● Luis, ¿qué hora es?
   ○ Las ocho menos diez.

5. ● ¿A qué hora es la reunión?
   ○ A la una y cuarto. En la oficina de Juan.

6. ● ¿Puedes comprar café?
   ○ Vale, pero después del trabajo, a las siete y media más o menos.

12 29

● Restaurante Estopa, buenas tardes.
○ Hola, buenas tardes. Llamo para reservar una mesa.
● Dígame, ¿para cuándo?
○ Para el jueves por la noche.
● ¿A qué hora quiere la mesa?
○ A las nueve. Es para seis personas.
● Mmm, a ver… sí. ¿A nombre de quién hago la reserva?
○ De Carmen López.
● Muy bien, señora López: seis personas, el jueves a las nueve.
○ Muchas gracias. Adiós.

14 a 30

● Bueno, y esto es salmorejo, que es una especialidad andaluza, del sur de España.
○ ¿Y qué es?
● Pues es una sopa de tomate.
○ ¿Un primer plato, entonces?
● Sí, se puede tomar de primero, claro, pero sobre todo se toma en los meses de verano, en julio y agosto, porque se toma muy frío.
○ ¿Y entonces es como el gazpacho?
● Bueno, el gazpacho lleva más verduras, el salmorejo no. El salmorejo lleva solo tomate y un poco de ajo.

- ○ Así que es una sopa que los vegetarianos podemos comer…
- ● Sí, los vegetarianos lo podéis comer, claro, pero normalmente se come con jamón y con huevo.
- ○ Ah, bueno, pero yo no lo tomo con jamón.
- ● Vale.

20 a ▶ 31 – 32

1. ● Buenos días, ¿el Sr. Pablo León?
   ○ Lo siento, se ha equivocado. No es aquí.
   ● Uy, perdone.

2. ● Hola, soy Maruja Andrés. ¿Puedo hablar con Cristóbal Castro?
   ○ El Sr. Castro no está en la oficina, está de viaje. Pero puede llamarlo a su móvil. ¿Tiene el número?
   ● Sí, sí. Muchas gracias.

3. ● Hola, buenos días. ¿Puedo hablar con Ramón López?
   ○ A ver… Lo siento, su teléfono comunica. ¿Puede llamar más tarde?
   ● De acuerdo. Gracias.

4. ● Buenos días, soy Arturo Medina del restaurante Osadía. ¿Está la señora Pamela Gil?
   ○ La señora Gil está en una reunión y no se puede poner. ¿Puede usted llamar por la tarde?
   ● Sí, gracias, por la tarde llamo otra vez.

Etapa 2

4 ▶ 34

1. Para mí, de primero, una ensalada. Y para beber, una cerveza.
2. ¿Se puede pagar con tarjeta?
3. ¿Cómo tomas el café?
4. Mucho gusto, señora Ruiz. Soy Ramiro Castilla.
5. Me gusta mucho el tenis.

5 ▶ 35 – 36

1. Este es el jefe. Tiene 53 años y tres hijos. Es muy simpático.
2. Bueno, y el chico moreno es Antonio. Es muy tímido y habla muy poco, pero es muy trabajador.
3. Mira, y esa es Sandra, la secretaria. Está siempre en la oficina porque trabaja muchas horas, pero es bastante antipática.
4. Andrea trabaja en el departamento de personal, es muy simpática y alegre y sobre todo, es hija del jefe.
5. Bueno, y está Robert, que es inglés. Es el responsable de Informática. Es muy divertido. Muchas veces tomamos un café los dos por la mañana.
6. Ah, y Miguel. Es guapo, ¿verdad? Hace mucho deporte. Sus aficiones son el fútbol y el tenis.

6 ▶ 37

- ● Hola, Paco. ¿Qué tal en tu nuevo trabajo?
- ○ Hola. Pues la verdad es que muy bien. Es una empresa familiar y está a 10 kilómetros de Valencia.
- ● ¿Y qué haces?
- ○ Yo llevo la contabilidad.
- ● ¿Y tienes muchos compañeros? ¿Qué tal son?
- ○ En la empresa trabajamos 15 empleados. Los compañeros son simpáticos y muchos son de la familia del jefe. Hasta una nieta del señor Antúnez, el jefe, hace prácticas ahora en la empresa. Todos los viernes los empleados comemos juntos en un restaurante que hay cerca. Ya te digo, el ambiente es muy bueno.
- ● ¿Y tienes mucho trabajo?
- ○ Bueno, el 15 de noviembre tenemos una feria y claro, están todos un poco nerviosos.

5 Por la ciudad

4 b ▶ 38 – 39

1. ¿Bueno y barato? En el barrio de Gracia, por ejemplo, por 30 € puede comer bien en Can Rita. No está en la Diagonal, pero muy cerca, mire, en este punto. A mí me gusta mucho.
2. ¿El casco antiguo? Mire, usted está aquí y el casco antiguo está en el centro. Está en esta zona de aquí.
3. Difícil, difícil. Hay muchos turistas ahora en Barcelona. Pero el Café de la Ópera es un lugar perfecto para hacer una pausa y ver a la gente. Está en el casco antiguo, aquí, cerca de Santa María del Mar.
4. ¿La Boquería? Está cerca de las Ramblas, aquí, en el Barrio Gótico. En transporte público está cerca, pero no puede pasear, hay mucho tráfico.

6 ▶ 40

1. ¡En esta ciudad no se puede ir en bicicleta!
2. Próxima parada: Cuatro Caminos. Enlace con la línea 8.

3. • Por favor, ¿pasa usted por la Plaza Mayor?
   ○ Sí, en dos paradas.
   • Vale, entonces subo.
4. a pie
5. • ¡Es una zona muy bonita!
   ○ ¡Sí, es preciosa!
6. ¡Qué tráfico! Las obras, ¿cómo no?

12 ▶▶ 41

¡Hola! ¿Qué tal la feria? Mira, esta noche podemos ir al restaurante El Buey. Está cerca de la ópera. Tienes que ir en autobús, eh, con el autobús número 6 desde la Puerta del Sol y son dos paradas, solo dos paradas hasta la plaza de la Ópera. ¿De acuerdo? Vas a pie a la Puerta del Sol desde tu hotel y con el 6 hasta la plaza de la Ópera. Dos paradas. Te espero en Ópera a las ocho y después vamos a pie. Son 100 metros. ¿Vale? Si tienes problemas, puedes llamarme. Hasta luego.

18 a ▶▶ 42

1. • ¿Un banco? Sí, hay uno muy cerca. Tiene que seguir todo recto y después, en la segunda calle, usted gira a la izquierda. El banco está a la derecha, al lado de un restaurante.
   ○ Perdone, ¿todo recto y...?
   • Todo recto y la segunda a la izquierda. El banco está a la derecha.

2. Sí, no está muy cerca. Usted toma la primera calle a la derecha y sigue todo, todo recto hasta la zona peatonal. Allí puede ver ya el edificio. Es fácil, pero está un poco lejos. O sea, la primera a la derecha, después usted sigue hasta la zona peatonal y allí está.

19 a ▶▶ 43

1. • Buenos días. Antonio Cerro de Feria Business S.A. Quería hablar con la señora Robledo del Amo.
   ○ Sí, un momento. Enseguida le paso con ella. Perdone, ¿de parte del señor Antonio…?
   • Sí, Antonio Cerro de Feria Business. Ella me conoce.
   ○ De acuerdo, Sr. Cerro, le paso. Buenos días…
   ■ Buenos días, Antonio, dígame. Me alegro…

2. • Buenas tardes. Eh… ¿Hablo con Pablo Mota? Soy Ana Núñez de Prima Tours.
   ○ Lo siento, hoy está de viaje. ¿Puede llamarle mañana? A esta hora está aquí.
   • De acuerdo. Gracias, adiós.

3. • Hola, buenos días. Soy Antonio Cerro de Feria Business S.A. ¿Está la señora Alonso?
   ○ Lo siento mucho, pero en este momento habla por otra línea. ¿Quiere dejar un recado?
   • Sí, por favor. Es que tengo que hablar con ella enseguida porque tenemos un problema en…

21 c ▶▶ 44

[k] qué, cómo, Carmen, marca, quiero, contactar, con, clientes, Cuatro Caminos, comprar, cosas
[θ] zumo, Zenón, centro, cien, zona, Zaragoza

6 Viajes de negocios

3 a ▶▶ 45–46

1. • Me encanta el monumento nuevo que hay en el centro.
   ○ Uy, pues a mí no me gusta nada. Creo que es muy feo.

2. • ¿Qué escuchas?
   ○ Son los Orishas, unos músicos cubanos fantásticos. Me encantan.
   • Sí, los conozco. También me gustan mucho.

3. • ¿Salimos a cenar? ¿Quieres ir al nuevo restaurante mexicano? A mí me gusta mucho la cocina mexicana.
   ○ Uy, a mí no me gusta mucho. Prefiero ir a otro restaurante.

8 ▶▶ 47

• Hotel Roma, buenos días. Mi nombre es Ana. ¿En qué puedo ayudarle?
○ Quería reservar una habitación.
• ¿Para qué fechas?
○ Para el 24 y 25 de marzo.
• A ver, son dos noches, el miércoles 24 y el jueves 25.
○ Sí, eso es.
• ¿Qué tipo de habitación?
○ Una habitación individual.
• Sí. El precio de la habitación es de 120 € por noche.
○ De acuerdo. Por favor, ¿puede ser una habitación tranquila?
• Sí, tomo nota. ¿A nombre de quién hago la reserva?
○ A nombre del señor Antonio Moral, de la empresa Construcciones Canal.
• Muy bien. Pues entonces esperamos al señor Moral. Gracias por elegirnos.

10 a ▶▶ 48 – 50

1. ● Recepción, buenos días.
   ○ Hola, soy Pilar Redondo de la habitación 215. No tengo agua caliente.
   ● Lo siento, pero tenemos un problema con el agua caliente en todo el hotel. Disculpe las molestias.
   ○ ¡Qué mala suerte!

2. ● ¡Camarero, por favor!
   ○ ¿Sí?
   ● Perdone, pero esta sopa está muy fría.
   ○ Oh, lo siento, señora. Ahora mismo le traigo otra.

3. ● Recepción, buenas noches.
   ○ Hola, buenas noches. Mire, con este ruido yo no puedo descansar.
   ● Le pido disculpas, señor. Hay una fiesta en el restaurante. Si lo desea, le puedo ofrecer otra habitación.
   ○ Sí, sí, por favor.

19 a ▶▶ 51 – 52

1. ● Buenos días, ¿el señor Santiago Rueda?
   ○ Lo siento, no está en la oficina, está de viaje. ¿Quiere dejarle un recado?
   ● No, gracias. Mejor lo intento llamar al móvil.
   ○ ¿Tiene su número?
   ● Sí, sí, gracias. Adiós.

2. ● Hola, soy Marta Correa. ¿Puedo hablar con Jaime Castro?
   ○ El señor Castro está en una reunión. ¿Quiere dejarle un recado?
   ● No, gracias. Voy a llamar más tarde. ¿A las tres está bien?
   ○ Sí, yo creo que sí.

3. ● Buenas tardes. ¿Está el señor Fernando Páez?
   ○ El señor Páez está con un cliente y no se puede poner. ¿Quiere dejarle un recado?
   ● ¿Puede decirle que ha llamado Jesús Moreno, del Banco City?
   ○ Sí, por supuesto.

Etapa 3

3 ▶▶ 54

● Hotel Bristol, buenas tardes. Mi nombre es Andrea. ¿En qué puedo ayudarle?
○ ¡Hola, buenas tardes! Quiero hacer una reserva.
● Sí, por supuesto. ¿Para qué fechas?
○ Pues del 3 al 6 de marzo…
● A ver… Sí, del 3 al 6 de marzo. Mire, tenemos una oferta en estos momentos… Como reserva usted cuatro noches, la noche número cuatro cuesta solo el 50 %.
○ Muchas gracias, pero solo necesitamos tres noches.
● Por supuesto. Mmm…, vaya, para esas fechas solo tengo habitaciones dobles.
○ ¿Ya no hay individuales? Bueno, pues entonces dos habitaciones dobles, pero somos solo dos personas.
● Bueno, pues en este caso la habitación doble cuesta solo 50 €, 10 € menos por noche.
○ De acuerdo.
● ¿A nombre de quién hago la reserva?
○ A nombre de Miguel Ramírez, de la empresa Masisa.
● Necesito los datos de una tarjeta de crédito para confirmar la reserva. ¿Quiere darme ahora los datos o prefiere enviar un correo electrónico o un fax?
○ Después le envío un fax. Disculpe, yo no he estado nunca en el hotel. ¿Cómo llego del aeropuerto al hotel?
● Siempre puede tomar un taxi, claro, que cuesta unos 30 €, pero también puede venir en metro. En la línea 4, hasta la parada Sagasta. Estamos muy cerca de la estación de metro.
○ Muchas gracias.
● Gracias a usted. Adiós.

7 El día a día

4 ▶▶ 55

1. Señora López, ¿puedo participar en la reunión con los nuevos clientes?
2. Julia, ¿puedo usar tu teléfono un momento? Es que María está hablando con unos clientes.
3. ¿Sabes usar el nuevo programa de correo? Es que no puedo leer mis correos. No sé qué puede pasar.
4. Carlos, ¿sabes bien inglés? Es que tengo un problema con la traducción.

11 a ▶▶ 56

● Buenos días, Conchi.
○ Buenos días, señora Román. ¿Quiere un café?
● No, gracias, ya he tomado tres. A ver, ¿qué tenemos hoy?
○ Sí, su primera cita es a las once con Víctor Valverde.
● ¿Víctor Valverde?
○ Sí, el nuevo director de Marketing.
● Ah, sí, claro.

- ○ Después, a las dos y media, tiene la comida con el jefe de proyectos de Madrid Credit, el señor Lapesa, en el restaurante La Máquina.
- ● Vale, ¿qué más? ¿Ya tienes todos los datos para la presentación en el congreso de Londres?
- ○ Sí, tengo todo. A las cuatro revisamos juntas su presentación.
- ● Es importante, por favor... ¿A qué hora sale el vuelo a Londres?
- ○ A las 23 horas, sale de la Terminal 4, con Iberia.
- ● Entonces a las ocho puedo ir un momento a casa y preparar el viaje. De acuerdo. ¿Eso es todo?
- ○ Sí, esto es todo.
- ● De acuerdo.

14 a 57 – 58

1. ● ¿Dónde está Miguel?
   ○ En la calle, llamando a unos clientes de Londres. Ha salido porque aquí no puede oír nada.

2. ● ¿Has visto a Carmen? En media hora llegan los clientes.
   ○ Sí, está comiendo todavía en el Can Roca, aquí al lado. Pero seguro que llega.

3. ● Perdona, ¿y Juan, dónde está?
   ○ Comprando. Se ha olvidado de la fruta y algo más. Viene enseguida.

18 a 59 – 61

1. ● Dígame.
   ○ Ana Medina de Proyectos y Contratas.
   ● Perdone, ¿quién llama?
   ○ Ana, Ana Medi...
   ● Lo siento. Estoy en la feria y no le puedo oír. Enseguida salgo y le llamo yo. Hasta ahora.
   ○ De acuerdo. Hasta ahora.

2. ● Hotel Miguel Ángel. Buenas tardes. Habla con reservas.
   ○ Buenas tardes. Quería hacer una reserva para dos personas el 15 de abril.
   ● Sí, ¿a nombre de quién, por favor?
   ○ Disculpe, hay problemas en la línea. Cuelgo y le vuelvo a llamar. Hasta ahora.

3. ● Luis Somoza, dígame.
   ○ Buenos días. Llamo de Viena. Mi nombre es Sara Palmer y quería hablar con la señora Fernández.
   ● Buenos días, está desayunando y ahora no le puede atender...
   ○ Perdone, ¿puede hablar más despacio? ¿Me ha dicho...?
   ● Sí, que está desayunando...

20 a 62

1. campaña
2. Bolaño
3. Alemania
4. calaña
5. senior
6. Menina

8 Mi agenda

3 64

- ● Buenos días, Julio. ¿Tienes un momento?
- ○ Hola, Luis, sí, claro. Adelante, adelante.
- ● Mira, que han cambiado la reunión para la presentación. Es a las tres.
- ○ ¡¿Otra vez la han cambiado!? ¿Y por qué tan temprano? Pues ahora no puedo ir a comer con Carlos Guarem. A ver si lo encuentro en la oficina.

9 65

1. ● A mí me gusta esta, es preciosa.
   ○ Sí, esa es la mejor: moderna y cómoda.

2. ● ¿Qué te parece? ¿Me pongo el gris con la camisa blanca o el negro?
   ○ El negro, el negro. El gris es muy aburrido.

3. ● No sé dónde la he puesto.
   ○ ¿Buscas la roja a rayas? Mira, ¿esta?
   ● Sí, sí, esa. Gracias. Me gusta mucho con esta camisa.

18 a 66 – 68

1. ● ¿Qué pasa? ¿No tenemos que salir ya?
   ○ No sé. Vamos a preguntar. Perdone, ¿hay algún problema con el vuelo a Barcelona 2367 de Iberia?
   ■ Un momento, por favor... Lo siento, pero lo han cancelado por el mal tiempo.

2. ● ¡Qué tiempo tan horrible! No ha sido buena idea ir en coche.
   ○ Tienes razón. No se ve nada.
   ● ¡No he visto nunca una niebla así! No llegamos.
   ○ Voy a escribir un mensaje y así lo saben.
   ● Vale, así pueden empezar sin nosotros.

3. ● Juana, ¿no vas a la oficina hoy?
   ○ ¿Qué? ¿Qué pasa?

- ¿No tienes que ir a la oficina? Son las ocho y media.
- ○ ¿Qué? ¿Las ocho y media? ¡Hoy tengo una reunión muy importante a las diez! ¡Maldito despertador!
- Tranquila, tienes tiempo. Estoy seguro de que vas a llegar.

20 a ⏩ 69 – 71

1. • Buenos días. Soy Claudia Correa, de Ibertrans. Quiero hablar con el señor Sánchez.
   ○ Buenos días, Claudia, soy yo. ¿De qué se trata?
   • Le llamo para confirmar nuestra cita de mañana a las doce.
   ○ Sí, por supuesto, no lo he olvidado. Le confirmo nuestra reunión mañana en mi oficina a las doce.
   • De acuerdo. Entonces hasta mañana.

2. • Adrián Moneo, Tecnopro. Dígame.
   ○ Hola, Adrián, soy Claudia de Ibertrans.
   • Hola, Claudia.
   ○ Mira, te llamo porque mañana no puedo asistir a la reunión. Es que viene el comercial. Te llamo el lunes y quedamos esa semana. ¿De acuerdo?
   • Vale. Entonces hasta el lunes.
   ○ Adiós.

3. • Hola, Claudia, soy Pedro.
   ○ Hola, Pedro, ¿qué tal?
   • Bien. Mira, lo siento, pero tengo que cancelar la cita del jueves. Ha surgido un imprevisto y tengo que estar en la feria.
   ○ Ah, vale. No pasa nada. ¿Hablamos después de la feria?
   • De acuerdo. Gracias, Claudia.

Etapa 4

3 ⏩ 74 – 76

1. Desde la compañía Air Nostrum les informamos que hemos tenido que cancelar el vuelo 731 con destino a Nueva York por problemas técnicos. Les pedimos disculpas. Para más información, el personal de la compañía está a su disposición.

2. Hola Iván, soy Eva. Mira, hemos quedado a las ocho, pero estoy todavía en el trabajo y no voy a llegar antes de las nueve. Me esperáis para cenar, ¿verdad?

3. Hola, buenas tardes. Mi nombre es Sandra Ortuño y este es un mensaje para el señor Juan Ortiz. Usted nos envió hace unas semanas su currículum para el puesto de informático. ¿Puede contactar conmigo para concertar una entrevista con el jefe de Personal? Mi número es el 95 364 87 20. Gracias. Adiós.

4. Antonio, soy yo, Marina. Mira, me he encontrado con Pepa en la calle Princesa y vamos a tomar unas tapas. Estamos muy cerca de tu casa, en el bar San Sebastián. ¿Por qué no vienes tú también? Vamos a quedarnos hasta las diez o las diez y media, no muy tarde.

5. Señores clientes, les informamos que a las 18 horas el escritor Javier Marías va a leer el primer capítulo de su último libro "Los Enamoramientos". Además, hoy, viernes, pueden ustedes llevarse este libro a casa con un 15 % de descuento. Los esperamos.

9 Momento de cambios

3 ⏩ 77

- Juan, he estado mirando oficinas y creo que he encontrado lo que buscamos.
- ○ ¿Sí?
- Sí, mira. Está en la calle Duero.
- ○ Ah, sí, ya sé. Es el edificio de oficinas nuevo.
- En la segunda planta.
- ○ Ya, pero ahí seguro que es muy cara.
- Bueno, son 880 €, sale a 11 € el metro cuadrado, pero tiene dos despachos, una cocina equipada y un servicio. Y todo nuevo.
- ○ Buff, no sé… ¿Y la fianza?
- Un mes de alquiler.
- ○ Bueno. Llama a ver cuándo podemos ir a verla.
- ¿Tú cuándo puedes?

17 ⏩ 78

Y ahora vamos a ver los resultados del estudio que hemos realizado durante el último año sobre teletrabajo en nuestra empresa:
Un 70 % de nuestros empleados trabaja actualmente desde casa.
Así tenemos que un 57 % son mujeres y un 43 % son hombres.
Los empleados entre 25 y 45 años son los que más practican esta forma de trabajo. El 80 % de los trabajadores de esta edad practica el teletrabajo, pero

no siempre, a veces trabajan desde la oficina y a veces desde casa.
Los empleados más jóvenes, entre 18 y 25 años, prefieren el trabajo en la oficina. Solo un 5 % trabajan desde casa, pero ven muy positivo el horario flexible, sobre todo por las mañanas.
Como ven, nuestra campaña sobre el teletrabajo en la empresa ha sido un éxito.

21 a 79 – 80

1. • Sogama, le habla Julia Romero. ¿En qué puedo ayudarle?
   ◦ Buenas tardes. Soy Andrés Kaplán, de Viajes Cóndor. Quería hablar con el señor Sotomayor.
   • ¿Capelán? ¿He entendido bien?
   ◦ Kaplán, con ka.

2. • Yolanda Fernández, Tepcom. Buenos días.
   ◦ Hola, Yolanda, soy Pablo. ¿Vas a venir a la reunión con los jefes de Cifesa?
   • Sí, es el 24 de mayo, ¿verdad?
   ◦ Sí, sí. El 24. A las cuatro de la tarde. Estoy confirmando a todos los que vienen.

3. • Sí, ¿dígame?
   ◦ Oye, soy Ana, que ya he reservado el avión. Es IB3354. Salimos a las cuatro de la tarde de la Terminal 4, ya sabes, la nueva, tenemos que estar una hora antes.
   • Iberia 3354, a las cuatro. ¿Está bien? ¿Falta algo?
   ◦ En la Terminal 4. Una hora antes.

4. • María Pino, Promade.
   ◦ Buenos días. Tengo un problema con mi móvil. No puedo enviar SMS. Es un Nokia y el número de serie es el 254 53 68 57 43.
   • Repito el número: 25 45 36 85 743. ¿Es correcto?
   ◦ Sí.

23 b 82 – 83

1. • Juan, ¿le interesa este proyecto con Carlos Vega?
   ◦ Gracias, pero no trabajo en equipo.

2. • ¿Qué tal la oficina del centro? ¿Es un edificio moderno?
   ◦ No es moderno, pero tiene muy buen precio.

3. • Por favor, ¿el despacho de la señora Robledo?
   ◦ No tiene despacho. En aquella mesa enfrente de la ventana.

10 Llegar a la meta

5 b 84 – 85

1. Mi hermano y yo trabajamos en la empresa familiar, pero hace muchos años. Ahora ya no.

2. • Y vosotros, ¿qué hacéis?
   ◦ Arturo y yo trabajamos en un hotel, en ese nuevo que está en la Gran Vía.

3. Pues el último congreso fue estupendo. Fue el mes pasado y lo organizó Carolina.

4. • Esther, ¿estás viviendo otra vez en Buenos Aires?
   ◦ No, estoy solo este mes. Es que organizo viajes para una empresa de vinos, y este mes estoy por aquí, buscando algunos lugares.

8 86

• A ver, ¿qué te parece? ¿A quién elegimos para el proyecto?
◦ No es tan fácil. Mira, para muchas cosas Bárbara es perfecta: es organizada y tiene mucha experiencia.
• Sí, solo hay que ver su escritorio. Es muy ordenada y, además, ella nunca llega tarde. Porque esa es una de las cosas que me molesta de Marina.
◦ Sí, la verdad es que es un poco caótica. A veces olvida las citas.
• Sí, pero por otro lado, para las relaciones con los clientes Marina me parece mejor, porque es muy comunicativa y muy simpática. Además, sabe convencer y tratar con la gente. Si alguien tiene que presentar el proyecto a los clientes, lo puede hacer ella.
◦ Yo, la verdad, creo que Bárbara es más trabajadora y trabaja mejor en equipo.
• Sí, claro. Bárbara es más trabajadora, pero trabajadores ya somos tú y yo. Necesitamos a alguien más alegre y optimista. Alguien simpático con los clientes.

17 a 87 – 89

1. • Hola, buenos días. Mire, mi nombre es Arturo Díez y tengo unas preguntas sobre la oferta de trabajo como diseñador de páginas web que apareció ayer en el periódico.
   ◦ Sí, claro. Dígame, ¿qué le interesa saber?
   • ¿Para cuándo necesitan ustedes…?

2. • ¿Dígame?
   ∘ Hola, buenos días. Mi nombre es Antonio Soler y envié, hace unas semanas, mi currículum para el puesto de auxiliar administrativo. Llamo para informarme sobre el proceso de selección.
   ∘ Sí, claro. Mire, todavía no hemos tenido tiempo de revisar los currículums que nos han llegado, pero en las próximas semanas nos vamos a poner en contacto con usted.

3. • Acciona, buenas tardes. Habla Sara Sánchez. ¿En qué puedo ayudarle?
   ∘ Hola, buenas tardes, señora Sánchez. Soy Rodrigo Varela, me ha enviado usted un correo electrónico invitándome a una entrevista.
   • Ah, sí, sí, claro. Dígame, señor Varela.
   ∘ ¿Es posible cambiar la fecha de la entrevista personal? Ese día tengo una cita y me es imposible cambiar la cita.

19 a 90

1. amarillo
2. playa
3. mayor
4. llave
5. apellido
6. desayuno

Etapa 5

3 92–93

Ayer, miércoles, 22 de enero, comenzó en Madrid Fitur, la Feria Internacional del Turismo. A nivel mundial, Fitur es la feria de turismo líder para el mercado latinoamericano. Este año, 9.000 empresas de 165 países de todo el mundo asisten a la feria y más de 120.000 profesionales han confirmado su participación. Entre los eventos más importantes, mañana, jueves 23, se van a conocer los ganadores del premio "Fitur Travel Blogger", el premio al mejor blog de viajes de América y Europa. Otros premios importantes, como el premio a jóvenes empresarios y a la mejor aplicación informática en el sector Turismo se van a conocer el fin de semana. Como todos los años, el fin de semana Fitur abre sus puertas también al público no profesional. El precio de la entrada es de 8 €, 7 si se compra antes a través de la página web de la feria.
Entre las ofertas del fin de semana, las empresas ofrecen al público la posibilidad de organizar y reservar sus vacaciones. Además, el domingo 26, algunos de los mejores expertos en fotografía nos van a ayudar a hacer el álbum de fotos de viajes perfecto.

4 94

• Ana, ¡Ana!
∘ ¡Rodrigo! ¡Qué sorpresa!
• ¡Chica! Y tú, ¿qué haces por mi barrio?
∘ Es que he comprado un piso en la calle Galileo y me mudé hace dos semanas… Oye, ¿cuándo nos vimos por última vez?
• Uff, ya ni lo recuerdo. ¿En la boda de Luis y Amalia?
∘ Pues yo creo que sí. Hace ya más de un año. ¿Y qué tal te va? ¿Ves todavía a Luis alguna vez?
• Sí, claro. Jugamos al fútbol todos los domingos.
∘ Ah, ¿jugáis todavía? Yo creía que a partir de los treinta ya hay que cambiar a deportes más tranquilos: tomar unas tapas con una cerveza, pasear por el parque…
• Pues no. Seguimos todos los chicos. ¿Y tú? ¿Todo bien?
∘ Pues sí, la verdad es que muy bien. De hecho, cambié de trabajo ya hace tiempo.
• ¿Entonces ya no trabajas en el hotel?
∘ No. Una compañera de trabajo abrió una agencia de viajes y me ofreció trabajar con ella. Y tú, ¿trabajas todavía en la misma empresa?
• Sí, ahí estoy. Y la verdad es que estoy muy bien. ¿Para qué cambiar?
∘ Claro.
• Y además, la empresa se ha mudado a unas oficinas en la calle Sagasta, así que ahora vivo mucho más cerca del trabajo.
∘ Ah, qué bien.
• Ya no necesito el coche porque estoy a tres paradas de autobús. Oye, ¿por qué no tomamos un café? ¿Tienes tiempo?
∘ Es que ya te he dicho que me mudé hace dos semanas y tengo aún muy pocos muebles. Ahora mismo voy a comprar una estantería. Si me acompañas, después tomamos ese café.
• De acuerdo, vamos.

Al teléfono

Contestar al teléfono

- Zara, departamento de ventas, ¿en qué puedo ayudarle?
- o Buenos días, tengo un problema con…

- ¿Sí? Dígame.
- o Buenos días, ¿hablo con el señor Álvarez?
- Sí, soy yo.

- Universidad de Vigo, dígame.
- o Hola, soy Ana Paz. Necesito información sobre…

- Juan Pérez, buenos días.
- o Hola, Juan, soy Rafa, de Marketing.

Empezar una llamada

- Soy Amalia Conde. Quería hablar con la señora Estrada.

- Buenos días, ¿puede ponerme con el señor Gómez?

- ¿La señora Marisol Abad, por favor?

- Hola, soy Juan. ¿Está Clara?

Problemas de comprensión

- Perdone, no le puedo oír. ¿Puede hablar más alto, por favor?

- Disculpe, hay problemas en la línea. Cuelgo y vuelvo a llamar.

- Perdone, ¿puede hablar más despacio, por favor? ¿Me ha dicho que…?

- Disculpe, ¿puede repetir? Hay mucho ruido en este momento.

Comprobar quién llama

- ¿De parte de quién, por favor?
- Antonio Ruiz, director de Cable.

- ¿Y usted es… / llama por…?
- Soy Laura Robles. Llamo por la reunión del viernes.

- Perdone, ¿quién llama?
- Soy Luis Rincón, de Sogama.

- Perdone, ¿cuál es su nombre?
- Ana Lens. La señora Robles me ha dejado un recado.

- ¿Me puede decir otra vez su nombre?
- Laura Robles. La señora Lens me ha llamado.

- ¿Puede repetir su nombre, por favor?
- Sandra Gil, trabajamos juntas en un proyecto.

Conectar a personas

- Buenos días, quería hablar con el señor Juan Correa.
- Sí, le paso (con él).
- Ahora mismo le pongo. ¿Su nombre es…?
- Sí, su número de extensión es…

- Buenos días. Mire, tengo un problema con…
- Un momento, por favor. Le paso con el departamento responsable.

- Buenos días, ¿puedo hablar con la señora Gil?
- Lo siento, en este momento habla por la otra línea.
- La señora Gil no se puede poner.
- La señora Gil está de viaje / de vacaciones / en una reunión.
- ¿Quiere dejar un recado?
- En estos momentos no está. Puede llamarla después.
- Lo siento, su teléfono comunica / está ocupado.
- Lo siento, se ha equivocado / no es aquí.

Confirmar o cancelar una cita

- Le llamo para confirmar nuestra cita de mañana.
- Lo siento, pero tengo que cancelar la cita del jueves. Ha surgido un imprevisto.
- Te llamo porque mañana no puedo asistir a la reunión.

Dejar un recado

- ¿Quiere dejar(le) un recado?
- ¿Puede decirle que he llamado?
- Mejor lo intento llamar al móvil.
- ¿Puede decirle que tiene que llamar a Ana Fernández?
- No, gracias. Voy a llamar más tarde.

Comprobar información

- ¿Capelán? ¿Lo he entendido bien?
- Repito: … ¿Está bien? / ¿Falta algo?
- La reunión es el 24 de mayo. ¿Es correcto?
- La cita es a las cuatro, ¿verdad?

Informarse sobre algo

- Tengo unas preguntas sobre la oferta de trabajo.
- Llamo para informarme sobre el piso que alquilan.
- ¿Es posible cambiar la fecha de la entrevista?
- Quería saber si han recibido mi currículum.

Correspondencia

El saludo

Estimada Sra. Páez:
Estimado Sr. Iglesias:
Estimados señores: / Señores:
Muy señor mío:
Distinguidos clientes:
Queridos compañeros:
Hola, María:

Empezar una carta / un correo

Me pongo en contacto con usted/es con motivo de…
Me dirijo a usted/es para…
Le/s escribo por…
En relación con la propuesta de reunión…

Cerrar una carta / un correo

Si tiene alguna pregunta más, no dude en escribirme.
Estoy a su disposición para cualquier otra pregunta.
Quedo atento/-a a sus preguntas.
Quedo a su disposición para otros temas.

Adjuntar documentos

Le/s adjunto el nuevo catálogo. / Adjunto le/s envío el nuevo catálogo.
Le/s adjunto la información. / Adjunta le/s envío la información.

La despedida

Atentamente,
En espera de su respuesta, le/s saluda atentamente,
Cordialmente, / Cordiales saludos,
(Reciba/n) Un cordial saludo,

Solicitud de información

He leído su anuncio en su página web.
He visto su folleto / publicidad en…
Le/s escribo por…
Me interesa saber si…

Reclamación

Le/s escribo para quejarme por…
Además no he recibido el trato esperado.

Es verdad que el servicio ha sido correcto, pero la comida no ha cumplido mis expectativas.

Respuesta a una reclamación

Gracias por el cuestionario que nos ha enviado.

En primer lugar quiero pedir disculpas por…
Sentimos las molestias causadas y esperamos contar con una próxima visita.

Invitación

Tenemos el placer de invitarle/s a…
Nos complace invitarle/s a…
Rogamos confirmar el número de asistentes.
Se ruega confirmación. (S. R. C.)

Carta de presentación

En relación con la oferta publicada en…
Me dirijo a ustedes para…
Les envío mi currículum con el objetivo de participar en el proceso de selección.
Como pueden ver en mi C.V., mi formación y mi experiencia en este sector son adecuadas.

Tengo experiencia en…
Quedo a su disposición para proporcionarles más detalles sobre mi C.V. en una entrevista.

Fuentes

Cubierta: 1 Shutterstock (Olga Grygorashyk), New York; **2** Thinkstock (Kollektion iStock), München; **3** Thinkstock (Jakob Wackerhausen), München; **3.1** iStockphoto (monkeybusinessimage), Calgary, Alberta; **3.2** iStockphoto (KarSol), Calgary, Alberta; **3.3** Shutterstock (Maridav), New York; **3.4** Thinkstock (Stockbyte), München; **3.5** Shutterstock (Shebeko), New, York; **3.6** iStockphoto (Adamo die Loreto), Calgary, Alberta; **3.7** Paradores, S.A., Madrid; **3.8** Thinkstock (Stockbyte), München; **3.9** Thinkstock (beti gorse), München; **3.10** Google; **3.11** Corbis (Hans Georg Roth), Düsseldorf; **5.1** Shutterstock (Andresr), New York; **5.2** Shutterstock (Helder Almeida), New York; **5.3** Shutterstock (StockLite), New York; **7** iStockphoto (KarSol), Calgary, Alberta; **8.1** Shutterstock (Subbotina Anna), New York; **8.2** iStockphoto (edurivero), Calgary, Alberta; **8.3** Shutterstock (Alexandru Nika), New York; **8.4** iStockphoto (Nikada), Calgary, Alberta; **8.5** iStockphoto (AM-C), Calgary, Alberta; **8.6** Thinkstock (Tim Abbott), München; **8.7** Thinkstock (Catherine Yeulet), München; **8.8** Shutterstock (KarSol), New York; **10** Thinkstock (George Doyle), München; **11** Shutterstock (auremar), New York; **12** iStockphoto (Izabela Habur), Calgary, Alberta; **15.1** iStockphoto (khalus), Calgary, Alberta; **15.2** iStockphoto (khalus), Calgary, Alberta; **17** Shutterstock (Maridav), New York; **18** iStockphoto (Aldo Murillo), Calgary, Alberta; **21.1** Shutterstock (Goodluz), New York; **21.2** Shutterstock (lightwavemedia), New York; **22** iStockphoto (Juanmonino), Calgary, Alberta; **23.1** Shutterstock (violetkaipa), New York; **23.2** Shutterstock (Graham Whiles), New York; **23.3** iStockphoto (Minerva Studio), Calgary, Alberta; **23.4** Thinkstock (amaze646), München; **25.1** iStockphoto (khalus), Calgary, Alberta; **25.2** iStockphoto (khalus), Calgary, Alberta; **27.1** Thinkstock (Ridofranz), München; **27.2** Thinkstock (George Doyle), München; **27.3** Thinkstock (Darrin Klimek), München; **27.4** Thinkstock (Wavebreakmedia Ltd), München; **27.5** Thinkstock (Design Pics/Ron Dahlquist), München; **27.6** Thinkstock (Fuse), München; **27.7** Shutterstock (bloomua), New York; **27.8** Thinkstock (LDProd), München; **27.9** Shutterstock (Olesya Feketa), New York; **27.10** Shutterstock (nito), New York; **27.11** Shutterstock (Deklofenak), New York; **27.12** Thinkstock (serezniy), München; **28.1** Thinkstock (Cristian Lupu), München; **28.2** Shutterstock (Elnur), New York; **28.3** Shutterstock (Olga Nayashkova), New York; **28.4** Thinkstock (Denyshutter), München; **28.5** Thinkstock (emarto), München; **28.6** Thinkstock (Andrey Zyk), München; **29** Thinkstock (Stockbyte), München; **31** Shutterstock (Rob Wilson), New York; **32** Thinkstock (Creatas Images), München; **33.1** iStockphoto (Yuri_Arcurs), Calgary, Alberta; **33.2** Thinkstock (Fuse), München; **33.3** Thinkstock (joyfnp), München; **33.4** iStockphoto (Neustockimages), Calgary, Alberta; **34** Thinkstock (George Doyle), München; **37.1** iStockphoto (khalus), Calgary, Alberta; **37.2** iStockphoto (khalus), Calgary, Alberta; **39.1** Shutterstock (Shebeko), New York; **39.2** Federación española de café, Madrid; **41.1** Thinkstock (Nikolay_Popov), München; **41.2** Thinkstock (drsabrinacercelovic), München; **41.3** Shutterstock (Yalcin Sonat), New York; **41.4** Thinkstock (Kesu01), München; **42** iStockphoto (MiquelMunill), Calgary, Alberta; **43** iStockphoto (fjalcer), Calgary, Alberta; **44.1** iStockphoto (Pat_Hastings), Calgary, Alberta; **44.2** Thinkstock (HandmadePictures), München; **44.3** Thinkstock (donstock), München; **47.1** iStockphoto (khalus), Calgary, Alberta; **47.2** iStockphoto (khalus), Calgary, Alberta; **49.1** Shutterstock (berkut), New York; **49.2** Shutterstock (Agrus), New York; **49.3** Shutterstock (pra_zit), New York; **49.4** Shutterstock (David Spieth), New York; **51.1** Thinkstock (TongRo Images), München; **51.2** Thinkstock (Zoonar/O.Kovach), München; **51.3** Thinkstock (Viktorija Kuprijanova), München; **51.4** Bibiana Wiener, Dortmund; **51.5** Thinkstock (Thomas Northcut), München; **51.6** Thinkstock (JuNi Art), München; **51.7** Thinkstock (Fuse), München; **51.8** Thinkstock (David Lee), München; **53.1** iStockphoto (Adamo Di Loreto), Calgary, Alberta; **53.2** Ayuntamiento de Barcelona, Barcelona; **54.1** Shutterstock (Teo Stuivenberg), New York; **54.2** Shutterstock (nito), New York; **54.3** iStockphoto (josanmu), Calgary, Alberta; **54.4** iStockphoto (Ingenui), Calgary, Alberta; **54.5** Shutterstock (nito), New York; **54.6** iStockphoto (ph2212), Calgary, Alberta; **56** Thinkstock (moodboard), München; **61.1** iStockphoto (khalus), Calgary, Alberta; **61.2** iStockphoto (khalus), Calgary, Alberta; **63** Paradores, S.A., Madrid; **64** Thinkstock (Alen-D), München; **67.1** Thinkstock (Torsten Schon), München; **67.2** Thinkstock (LUNAMARINA), München; **67.3** Thinkstock (John Tomaselli), München; **67.4** Thinkstock (hxdbzxy), München; **69.1** Thinkstock (Nobilior), München; **69.2** Shutterstock (gpointstudio), New York; **71.1** iStockphoto (khalus), Calgary, Alberta; **71.2** iStockphoto (khalus), Calgary, Alberta; **75** Thinkstock (Stockbyte), München; **76** Thinkstock (Jacob Wackerhausen), München; **77.1** Thinkstock (DC_Colombia), München; **77.2** Thinkstock (Kseniya Ragozina), München; **77.3** Thinkstock (Galina Barskaya), München; **79** Shutterstock (Dragan Milovanovic), New York; **80.1** Thinkstock (a-wrangler), München; **80.2** Thinkstock (Stephanie White), München; **80.3** Thinkstock (BONNINSTUDIO), München; **80.4** Thinkstock (monkeybusinessimages), München; **80.5** Thinkstock (BartekSzewczyk), München; **80.6** Thinkstock (Gajus), München; **83.1** iStockphoto (khalus), Calgary, Alberta; **83.2** iStockphoto (khalus), Calgary, Alberta; **85.1** Thinkstock (beti gorse), München; **85.2** Thinkstock (EnginKorkmaz), München; **86.1** Shutterstock (Hemanta Kumar Raval), New York; **86.2** Shutterstock (jannoon028), New York; **89** Thinkstock (Stockbyte), München; **90.1** Shutterstock (olexius), New York; **90.2** Shutterstock (nosik), New York; **91.1** Thinkstock (Lucky_Guy), München; **91.2** Thinkstock (trendobjects), München; **91.3** Thinkstock (michaeljung), München; **91.4** Thinkstock (Luis Álvarez), München; **93.1** iStockphoto (khalus), Calgary, Alberta; **93.2** iStockphoto (khalus), Calgary, Alberta; **97** Google; **98.1** iStockphoto (StockRocket), Calgary, Alberta; **98.2** iStockphoto (Yuri_Arcurs), Calgary, Alberta; **98.3** Thinkstock (Valerijs Kostreckis), München; **99** Thinkstock (PanareoFotografia), München; **101.1** Thinkstock (BartekSzewczyk), München; **101.2** Thinkstock (BartekSzewczyk), München; **101.3** Carmencita, S.A., Novelda; **102** iStockphoto (dutchicon), Calgary, Alberta; **103.1** Carla Cociña, Lugo; **103.2** Shutterstock (HuHu), New York; **103.3** Shutterstock (Julynx), New York; **103.4** Shutterstock (Master3D), New York; **105.1** iStockphoto (khalus), Calgary, Alberta; **105.2** iStockphoto (khalus), Calgary, Alberta; **107.1** Corbis (Hans Georg Roth), Düsseldorf; **107.2** iStockphoto (JuanDarien), Calgary, Alberta; **108** Thinkstock (BONNINSTUDIO), München; **110.1** Thinkstock (Zoonar RF), München; **110.2** Thinkstock (Witthaya), München; **113** Shutterstock (Zurijeta), New York; **115.1** iStockphoto (khalus), Calgary, Alberta; **115.2** iStockphoto (khalus), Calgary, Alberta; **119.1** Thinkstock (Rallef), München; **119.2** Thinkstock (pabkov), München; **119.3** Thinkstock (Thomas Pullicino), München; **119.4** Thinkstock (kyolshin), München; **119.5** Thinkstock (Claus Mikosch), München; **119.6** Thinkstock (LuckyBusiness), München; **119.7** Shutterstock (Tupungato), New York; **119.8** Thinkstock (archideaphoto), München; **120.1** iStockphoto (MiquelMunill), Calgary, Alberta; **120.2** Thinkstock (kzenon), München